Kenneth D. Boa
Robert M. Bowman Jr.

Engel und Dämonen

Mythos und Wahrheit

Kenneth D. Boa
Robert M. Bowman Jr.

MYTHOS und WAHRHEIT

Engel und Dämonen

cap-books

Bestell-Nr.: 52 50422
ISBN 978-3-86773-110-2

Oberer Garten 8
D-72221 Haiterbach-Beihingen
info@cap-music.de
www.cap-music.de

Übersetzung: Ingo Schreurs
Lektorat: Vera Klein (www.wortlaut-lektorat.de)
Druck: Schönbach-Druck GmbH, Erzhausen
Umschlaggestaltung: cap-books Claudia Kirschner

Bibelstellen, sofern nicht anders angegeben,
nach der Luther-Übersetzung 1984

Andere Übersetzungen, wie folgt:

ELB - Revidierte Elberfelder Übersetzung
SCHL - Schlachter 2000 Übersetzung
EÜ - Einheitsübersetzung
NLÜ - Neues Leben Übersetzung

Inhalt

Vorwort

Man kann mit gutem Grund die Auffassung vertreten, dass inzwischen genügend Bücher über Engel und Dämonen geschrieben worden sind. Und wir würden dieser Sammlung auch kein weiteres Exemplar hinzufügen, gäbe es nicht einen wichtigen Grund dafür: So viel, von dem, was geschrieben wurde, ist Unsinn.

Das mag vielleicht etwas arrogant oder schroff klingen, doch jeder abgemilderte Begriff würde es nicht auf den Punkt bringen. Da gibt es Menschen, die davon berichten, wie sie stundenlang mit Engeln gesprochen haben, doch die „Botschaft", die diese Engel bringen, klingt verdächtig nach einer Form der Psychologie, die heutzutage sehr populär ist. Bücher versprechen ihren Lesern, dass sie regelmäßig mit Engeln in Kontakt treten können und dadurch Kraft, Heilung, Wohlstand, Vergebung, Trost, Offenbarung und geistliche Veränderung bekommen, dazu tägliche Wegweisung der Art, wie man sie sonst nur in Horoskopen findet. Doch auch die Bücher, die uns keine solch abgehobenen Versprechungen machen, unterhalten uns oft nur mit einer Anekdote über Engel nach der anderen und hinterlassen eine ganze Menge falscher Vorstellungen davon, was Menschen von Engeln erwarten können. Auch Bücher über Dämonen enthalten oft eine Vielzahl von unsinnigen, wenn nicht sogar gefährlichen Gedanken. Dämonen werden für alles Schlechte verantwortlich gemacht und manchmal sogar für Dinge, die überhaupt nicht schlecht sind. Doch es gibt auch das andere Extrem, dass Menschen die Existenz von Engeln und Dämonen gänzlich infrage stellen.

Mit diesem Buch wollen wir Ihnen schlicht und einfach einen klaren und kritischen Einblick in das Thema Engel und Dämonen ermöglichen. Dazu werden wir uns eine Vielzahl verschiedener Vorstellungen über diese unsichtbaren Wesen ansehen. Auch wenn wir selbst Christen sind, werden wir dabei den Unsinn, der von Christen zu diesem Thema geäußert wurde, genauso beim Namen nennen, wie den aus nicht-christlichen Quellen. In dieser Hinsicht handeln wir „ohne Ansehen der Person". Wir sind der Ansicht, dass Unsinn, wo immer er sich zeigt, aufgedeckt werden muss, auch im Hinterhof unserer eigenen Religion.

Einen großen Teil dieses Buches werden wir dazu verwenden, eine deutliche Vorstellung davon zu vermitteln, was Engel überhaupt sind. Bevor wir damit beginnen, sollten wir jedoch zunächst einmal klarstellen, dass das Wort *Engel* mindestens drei verschiedene Bedeutungen haben kann.

1. Manchmal versteht man unter „Engeln" jede Art von erschaffenen, geistlichen Wesen, einschließlich der Engel, die im Himmel bei Gott sind und der „gefallenen" oder bösen Engel, die auch Dämonen genannt werden.
2. Manchmal bezieht sich das Wort „Engel" nur auf die guten, himmlischen Engel und bildet einen Gegensatz zu den Dämonen (so auch in dem Titel dieses Buches „Engel und Dämonen").
3. Heute nicht mehr sehr verbreitet, aber immer noch gelegentlich anzutreffen, ist die Verwendung des Wortes „Engel" für eine bestimmte Gruppe himmlischer Wesen, deren Hauptaufgabe darin besteht, Botschaften zu überbringen (abgeleitet von dem griechischen Wort *angelos*, das Bote bedeutet). Normalerweise ergibt sich jedoch aus dem Zusammenhang eindeutig, welche Bedeutung gemeint ist.

   Lassen Sie uns nun ohne weitere Umschweife damit beginnen, Mythos und Wahrheit über Engel und Dämonen voneinander zu trennen.

Teil 1

Was wir von Engeln halten sollen

Kapitel 1

Engelwahn!

Eine Menge Leute gehen in ihrer Begeisterung für Engel zu weit, dennoch sollten wir uns mit dem Thema beschäftigen.

Ein erschreckend großer Teil von dem, was Menschen über Engel sagen, ist Unsinn.

Jahrhundertelang kursierten die wildesten Spekulationen über Engel und Dämonen. Wir alle haben wohl schon einmal die Frage gehört, wie viele Engel auf dem Kopf einer Stecknadel tanzen können, eine Frage, die für viele von uns auf den Punkt bringt, wie abgehoben und irrelevant Lehrmeinungen oft sind. „Wer weiß das schon und wer will das überhaupt wissen?" ist unsere unwillkürliche Reaktion, wenn wir so etwas hören.

Eine kurze Geschichte der Angelologie

Das Studium der Angelologie (der Lehre von den Engeln) spielte im Denken des Mittelalters eine erstaunlich große Rolle. Der wichtigste Text zu diesem Thema war ein Buch mit dem Titel *Über die himmlische Hierarchie*. Man nahm lange an, es wäre von jenem Dionysius geschrieben worden, der in Athen durch die Predigt des Apostels Paulus zum Glauben kam (Apostelgeschichte 17,34). Die Theologen des Mittelalters akzeptierten diesen Anspruch des Buches in aller Regel ohne ihn zu hinterfragen und sahen es demzufolge auch als eine autorisierte Quelle an, aus der man erfahren konnte, was die Apostel über Engel dachten. Heute ist man sich jedoch unter Fachleuten einig, dass dieses Buch erst Jahrhunderte nach Paulus geschrieben wurde und bezeichnet daher dessen Verfasser als „Pseudo-Dionysius". In Kapitel 12 werden wir noch mehr von diesem Engelbuch hören.

Die Angelologie hatte ihre Blütezeit im 13. Jahrhundert, als die brillantesten Köpfe Europas ausführlich zu diesem Thema schrieben und es vielerorts (z. B. in Paris) zum Pflichtprogramm der Studenten gehörte, Vorlesungen darin zu besuchen. So waren es auch zwei Theologen des 13. Jahrhunderts, die zum Inbegriff des Interesses an Engeln in jener Zeit wurden. Sie entwickelten die umfassendsten und ausgeklügeltsten Systeme der Angelologie, die die Welt je gesehen hat.

Thomas von Aquin (1225-74), der von vielen als der brillanteste christliche Theologe und Philosoph in den Jahrhunderten vom Fall des Römischen Imperiums bis zur Renaissance angesehen wird, wurde auch Doctor Angelicus genannt. Als Dominikanermönch widmete Thomas einen beträchtlichen Teil seines mehrbändigen Hauptwerks *Summa Theologiae* den Engeln.

Thomas' älterer Zeitgenosse Bonaventura (1217-74) wurde, da er zu den Franziskanern gehörte, Doctor Seraphicus genannt. Die Franziskaner waren auch als der Seraphische Orden bekannt, weil der Legende nach Christus dem Heiligen Franziskus in Gestalt eines Seraphen erschienen sein soll. Auch von Bonaventura selbst erzählte man sich, dass er von einem Engel besucht worden sei. Zudem interpretierte er den sechsten Engel im Buch der Offenbarung als einen Hinweis auf Franziskus.[1]

Thomas, Bonaventura und andere Theologen ihrer Zeit versuchten eine Reihe verwirrender Fragen im Bezug auf die Engel zu beantworten. So machten sie Anstrengungen zu erklären, wann und wo die Engel geschaffen wurden, zu welcher Rangordnung die Engel des Teufels gehörten und warum er gefallen war, wofür die verschiedenen Arten von Engeln zuständig sind und manche weitere Detailfragen dieser Art. Einige der weniger herausragenden Geister jener Zeit ließen sich ganz besonders zu Spekulationen über solche Fragen hinreißen. Ein Geistlicher des 13. Jahrhunderts, Albert der Große, vertrat zum Beispiel die Ansicht, dass es genau 266.613.336 gute Engel gebe und exakt halb so viele gefallene Engel, 133.306.668 an der Zahl, sodass die Gesamtzahl der Engel 399.920.004 betrage.[2]

Die meisten Theologen des Mittelalters, darunter auch Thomas und Bonaventura, argumentierten jedoch, die Menge der Engel sei unzählbar und räumten ein, dass einige Dinge über Engel mit den uns Menschen zur Verfügung stehenden Möglichkeiten nicht mit Sicherheit festzustellen sind.[3]

Mortimer J. Adler

Der Mythos, dass es eine intensive Diskussion darüber gab, wie viele Engel auf einem Stecknadelkopf tanzen können, ist nichts anderes als eine der vielen modernen Erfindungen, mit denen man versucht, sich über das mittelalterliche Denken lustig zu machen.[4]

Fairerweise muss man anerkennen, dass die Theologen des Mittelalters sich auch einige sehr gute Gedanken über Engel und Dämonen machten und im Gegensatz zum populären Mythos *nicht* die Engel-tanzen-auf-einer-Nadel-Frage diskutierten.[5] Sie diskutierten vielmehr darüber, ob Engel überhaupt irgendeinen Raum einnehmen, und ob sie im Raum oder durch den Raum reisen. Auch diese Fragen wirken auf uns heute womöglich ziemlich obskur und sie gehen ganz gewiss über das hinaus, was wir mit Sicherheit feststellen können, aber es waren doch ernsthafte Fragen, die in einem Zusammenhang mit der umfassenderen Frage standen, was für eine Art von Wesen Engel sind.

Als Reaktion auf die Exzesse der Theologie des späten Mittelalters goss Johannes Calvin, einer der wichtigsten Reformatoren des 16. Jahrhunderts, eimerweise kaltes Wasser auf die Angelologie. Calvin drängte die Christen, weise zu sein und „jene leeren Reden fahren zu lassen, wie sie müßige Leute abseits von Gottes Wort über die Natur, die Rangordnungen und die Zahl der Engel geführt haben."[6] Bis heute erhalten die Engel in der katholischen Theologie weit mehr „öffentliche Aufmerksamkeit" als in den meisten theologischen Richtungen der protestantischen Kirchen. Das hat Protestanten jedoch nicht davon abgehalten, ihre eigenen Vorstellungen zum Thema Engel zu entwickeln.

Die wissenschaftliche Revolution der letzten vier Jahrhunderte hat dazu geführt, dass der Glaube an geistliche Wesenheiten unter gebildeten Menschen stark zurückgegangen ist, was ganz besonders für das 19. und einen großen Teil des 20. Jahrhunderts gilt. Der Glaube an Engel, und erst recht das Vertreten extravaganter Ansichten über sie, wurde in vielen Kreisen zunehmend als abergläubischer Unsinn angesehen. Noch 1982 merkte Mortimer J. Adler, ein bekannter amerikanischer Philosoph, der selbst an Engel glaubte, an: „Es erscheint als ein totes Thema, das nur noch für Historiker von Interesse ist, und auch für sie nur in begrenztem Maße."[7] Selbst 1990 noch sah sich Malcolm Godwin veranlasst, ein Buch zu schreiben, das Engel zu einer „bedrohten Art" erklärte.[8]

Wie schnell sich die Dinge doch ändern. In eben dem Jahr, in dem Godwins Buch veröffentlicht wurde, explodierte das bereits anwachsende Interesse an Engeln in der westlichen Welt geradezu. Führender Impulsgeber auf dieser Engelwelle war damals Sophy Burnhams *Engel, unsere unsichtbaren Begleiter*[9] - 1990 eines der meistverkauften Bücher in den USA.

Stephen E. Noll

Die Menschen reden jetzt über Engel. Aber **denkt** auch irgendjemand ernsthaft über sie?[10]

Eine Meinungsumfrage hat ergeben, dass immer mehr Teenager in den USA an Engel glauben. Waren es 1978 noch 64 Prozent, so stieg dieser Anteil bis 1992 auf 76 Prozent an.[11] 1994 begann die Fernsehserie *Touched by an Angel*[12] (eine bemerkenswerte Serie im Übrigen, die eine auffallende Zurückhaltung bei der Darstellung von Engeln übt) ihre fast zehnjährige Erfolgsgeschichte zur besten Fernsehsendezeit. Der Engelwahn hatte uns nun vollends erreicht.

Die mediale Aufmerksamkeit für Engel schien gegen Ende der 1990er ihren Höhepunkt überschritten zu haben, doch bis heute ist das allgemeine Interesse an Engeln nach wie vor groß. Nach einer Untersuchung von Barna Research glaubten im Jahr 2000 mehr als vier Fünftel der Amerikaner, dass Engel existieren und dass sie Einfluss auf das Leben der Menschen nehmen.[13] Und genau dieser Glaube - dass Engel unmittelbar Einfluss nehmen - ist das, was dieses Thema so wichtig macht. Denn wenn Engel existieren und auch heute das Leben von Menschen beeinflussen, sollten wir doch sehen, was wir über sie in Erfahrung bringen können.

Irrwege

Viele, wenn nicht die meisten, Menschen gehen auf eine von zwei Weisen an dieses Thema heran, die jedoch beide allzu simpel erscheinen. Der erste einfache Weg besteht darin, unkritisch jede Information über Engel, auf die man stößt, zu übernehmen, oder zumindest doch solche, die attraktiv genug erscheinen. Engel sind faszinierende und geheimnisvolle Geschöpfe und jede neue Erkenntnis, die wir über sie gewinnen, kann sehr aufregend sein. Unglücklicherweise ist es jedoch schlicht unmöglich, dass alles, was Menschen über Engel sagen, auch wahr ist. Angeblich sollen Engel Offenbarungen von Gott überbracht haben, durch die so unterschiedliche Religionen wie der Islam und das Mormonentum begründet wurden. Einige Engel sollen verkündet haben, nur eine einzige sei die wahre Religion, während andere Engel die Welt darüber aufgeklärt haben sollen, alle Religionen hätten gleiche Gültigkeit. Manche Menschen glauben, dass Engel jede Person beschützen, während andere glauben, dass sie nur diejenigen beschützen, die den richtigen Glauben haben.

Doch nicht jeder sieht das so. Einige der bekanntesten Autoren, die über Engel geschrieben haben, vertreten die Ansicht, dass alles möglich ist. Terry Lynn Taylor rät ihren Lesern: „Gewöhnen Sie sich an die Vorstellung, dass es keine

„richtigen" oder „falschen" Ansichten gibt - nur Ansichten, die unterschiedlich oder ähnlich sind. Es gibt keine richtigen oder falschen Religionen, keine richtigen oder falschen Wege zu Gott."[14] Offen gesagt ist so eine Aussage blanker Unsinn - und das meinen wir ganz wörtlich. Taylors Behauptung, es gebe keine richtigen oder falschen Ansichten oder Religionen, ist in sich selbst eine Ansicht und als solche ist sie entweder richtig (also etwas, das wir annehmen sollten) oder falsch (etwas, das wir ablehnen sollten). Kurz gesagt: Sie ist entweder wahr oder unwahr. Die Ansicht, dass keine Ansicht richtig oder falsch ist, ist Unsinn, denn wäre sie richtig, wäre sie weder richtig noch falsch.[15]

Später behauptet Taylor im selben Buch: „Der beste Maßstab für Wahrheit ist das, was Ihr Herz Ihnen sagt."[16] Schon bei oberflächlicher Betrachtung ist es widersprüchlich zu behaupten, es gäbe keine richtigen oder falschen Ansichten und dann wieder festzustellen, dass so etwas wie Wahrheit existiere. Sehen wir davon einmal ab, zielen beide Aussagen jedoch auf das Gleiche: Man sollte das akzeptieren, was man im Herzen hat und sich keine Gedanken darüber machen, ob das den „Ansichten" anderer Menschen über richtig und falsch entspricht. Eine gute Beschreibung für Selbstbetrug. Natürlich sind wir keineswegs verpflichtet, die Ansichten anderer Menschen zu übernehmen. Wenn wir jedoch die Wahrheit herausfinden wollen, dann werden wir anderen zuhören und auch unsere *eigenen* Ansichten auf den Prüfstand stellen. Was wir „im Herzen haben" könnte sich am Ende auch als falsch herausstellen.

Einen ähnlich schlechten Rat gibt Karen Goldman, wenn sie ihren Lesern vorschlägt folgendermaßen an ihr Buch über Engel heranzugehen: „Essen Sie alles, und was Sie nicht mögen, spucken Sie wieder aus."[17] Im Restaurant der Ideen sollten wir doch etwas sorgfältiger auswählen und nicht einfach alles schlucken, was gut schmeckt.

Genauso sollten wir unkritisches und naives Denken über den Teufel vermeiden. Der Glaube an die Existenz des Teufels und seiner Helfer, der Dämonen, ist ebenfalls weit verbreitet, wenn auch nicht so vorherrschend wie der Glaube an Engel. Doch manche Menschen geben dem Teufel entschieden zu viel der Ehre. Sie geben ihm die Schuld für praktisch alles Schlechte das geschieht, die schlechten Dinge, die sie *selber* tun, eingeschlossen. Statt den Teufel als eine einfache Erklärung für alles, was schiefgeht heranzuziehen, müssen wir einen Weg finden, zu unterscheiden, was wirklich dämonisch und was auf andere Einflüsse zurückzuführen ist.

Die andere allzu einfache Haltung, zu der manche von uns im Hinblick auf Engel und Dämonen neigen, ist ein maßloser Skeptizismus. Man kann verstehen, dass denkende Menschen sich an dem Übermaß an weit verbreiteter Lehre und Kunde über Engel stören und die ganze Sache mit dem abtun, was der Schweizer Theologe Karl Barth „ein müdes Schulterzukken" nannte.[18] Es ist tatsächlich einfacher, die Existenz von Engeln durchweg zu leugnen oder doch zumindest zu bestreiten, dass wir irgendetwas über sie in Erfahrung bringen können, als sich durch all die widersprüchlichen und überzogenen Behauptungen hindurchzukämpfen.

> Es ist schlicht unmöglich, dass alles, was Menschen über Engel sagen, auch wahr ist.

Dennoch ist der leichteste Weg oft nicht der richtige. Wenn Engel wirklich bereit sind, uns zu helfen, dann könnte uns etwas Wichtiges entgehen, wenn wir ihnen keinerlei Aufmerksamkeit schenken. Und falls Dämonen eine Bedrohung für uns bedeuten, dann ignorieren wir sie auf eigene Gefahr. Da scheint es doch am vernünftigsten, so viel wie möglich über Engel und Dämonen in Erfahrung zu bringen und dann zu entscheiden, ob - und wenn ja, wie - wir mit unserem Leben auf diese neu gewonnenen Erkenntnisse reagieren wollen.

In diesem Buch werden wir eine ganze Reihe populärer Vorstellungen über geistige Wesen genauer unter die Lupe nehmen. Dabei wollen wir gar nicht erst den Versuch unternehmen, jede einzelne Streitfrage im Hinblick auf Engel und Dämonen zu behandeln. Vielmehr wären wir schon froh, wenn es uns gelingen würde, einen guten und hilfreichen Weg aufzuzeigen, wie man an dieses Thema herangehen kann. Unser Ziel ist, die Wahrheit über Engel und Dämonen herauszufinden und einige der Mythen, die heutzutage darüber in Umlauf sind, als solche zu entlarven. Die Methode, der wir uns dabei bedienen heißt: *kritisches Denken*. Weder wollen wir das, was andere dazu zu sagen haben, ungeprüft übernehmen, noch wollen wir es leichtfertig ignorieren. Stattdessen wollen wir mit Sorgfalt und Bedacht an dieses Thema herangehen. Einiges von dem, was wir dabei über Engel und Dämonen herausgefunden haben, hat uns offen gesagt selbst überrascht und womöglich werden Sie ja genauso überrascht sein.

WAHRHEIT:

Man kann nicht alles glauben, was man über Engel hört.

MYTHOS:

Man kann das ganze Thema Engel einfach ignorieren.

Kapitel 2

Kleine Einführung in die Welt der Geister für Skeptiker

Man kann an Engel und andere Geister glauben – und trotzdem seinen Verstand behalten.

In diesem Kapitel gehen wir auf die beiden am weitesten verbreiteten Vorbehalte gegen die Existenz von Engeln, Dämonen oder anderen Geistern ein. Unser Ziel dabei ist schlicht und einfach, zu zeigen, dass es nicht unvernünftig ist, an geistige Wesen zu glauben.

Engel: Nur eine Erfindung unkritischer Gemüter?

Skeptiker lehnen in der Regel alle Berichte von Engeln als abergläubischen Unfug ab und sehen sie in einer Linie mit dem Yeti, dem Monster von Loch Ness, UFOs und Elvis. Und man kann sie verstehen. Es gibt so viele Geschichten von Leuten, die alles Mögliche gesehen haben wollen und wie wir bereits festgestellt haben, können nicht alle diese Berichte wahr sein. Da liegt es auf der Hand, warum Menschen, die an exaktes Denken gewöhnt sind, ihre Arme verschränken und darauf beharren, dass sie solche Dinge erst glauben, wenn sie sie mit ihren eigenen Augen gesehen haben.

Wir wollen ein wenig tiefer schürfen. Einmal angenommen, Sie springen an ihrem Fernsehgerät von Programm zu Programm und landen plötzlich bei einem Fernseh-Evangelisten, der behauptet, er hätte Besuch von einem Engel gehabt. Wenn es Ihnen so geht wie uns, werden Sie diese Geschichte hinterfragen. Sie werden Zweifel haben. Angesichts einer solchen Behauptung scheint es vernünftiger, anzunehmen, dass der Fernseh-Evangelist entweder (1) durch eine Halluzination *getäuscht* wurde, (2) mit einem Trick *hereingelegt* wurde oder (3) die Öffentlichkeit *betrügt*, als davon auszugehen, dass er wirklich einen Engel gesehen hat.

Doch wäre es vernünftig anzunehmen, dass *alle* Berichte von Begegnungen mit Engeln auf diese Weise erklärt werden können? Der Ansicht sind wir nicht. Es wäre kein exaktes Denken, wenn man den Glauben an Engel von vornherein als Leichtgläubigkeit, Aberglauben oder religiöses Hausierertum abtun wollte. Einige der hervorragendsten Persönlichkeiten in der Geschichte der Menschheit, darunter auch große Denker unserer Zeit, waren oder sind überzeugt, dass Engel existieren. Der außerordentliche Siegeszug der Naturwissenschaften in den letzten Jahrhunderten hat den Glauben an das Übernatürliche zwar ausgehöhlt, aber nicht ausgelöscht. Immer wieder bekennen gebildete Männer und Frauen, dass sie an die Existenz von Engeln glauben, Menschen, die keinerlei persönliche Interessen mit dieser Vorstellung verfolgen und die im Allgemeinen in ihrem Denken und Handeln keine Anzeichen von Aberglauben zeigen.

Nehmen wir zum Beispiel Mortimer J. Adler, den wir im ersten Kapitel bereits zitiert haben. Er war jahrzehntelang der Vorsitzende des Herausgeberkreises der *Encyclopaedia Britannica* und die treibende Kraft hinter der Herausgabe der Reihe *Great Books of the Western World*[19]. Von den 1940er Jahren bis zu seinem Tod 2001 war er einer der hervorragendsten Philosophen und Gelehrten Amerikas. Adler versprach sich gewiss keinen persönlichen Vorteil davon, den Glauben an Engel zu fördern. Zu der Zeit als er sein Buch *The Angels and Us* schrieb, bezeichnete er sich selbst noch nicht einmal als Christen. (Einige Jahre nachdem das Buch veröffentlicht wurde ließ er sich taufen.) Wir bieten daher den inzwischen verstorbenen Professor Adler als „Kronzeugen“ dafür auf, dass der Glaube an Engel nicht unvereinbar damit ist, ein hoch gebildeter und disziplinierter Denker zu sein.

Der Engel: Ein körperloses Bewusstsein?
Der zweite Einwand, der gegen den Glauben an Engel vorgebracht wird, besteht darin, dass ein Engel per Definition ein Bewusstsein ohne Körper ist.

Mortimer J. Adler

Wir können uns das Körperlose und das Unsichtbare vielleicht nicht vorstellen, doch heißt das nicht, das solche Dinge undenkbar oder völlig unbegreiflich wären. Engel sind nicht unbegreiflicher als Bewusstsein oder Intellekt, ganz gleich ob mit oder ohne Körper.[20]

(Eine Definition, mit der wir im Übrigen übereinstimmen. Siehe dazu Kapitel 6.) Doch die Vorstellung eines Bewusstseins ohne Körper ist in den Augen der Skeptiker entweder inkohärent oder unbegründet oder beides. Mit *inkohärent* meinen Skeptiker, dass sie etwas nicht verstehen; sie finden das gesamte Konzept unverständlich. Mit *unbegründet* meinen sie, dass sie keinen ausreichenden Grund sehen, diesem Konzept zuzustimmen.

Ob die Behauptung, die Vorstellung von einem körperlosen Bewusstsein sei inkohärent, stichhaltig ist, hängt davon ab, was man unter inkohärent versteht. Wenn jemand damit meint, diese Vorstellung sei von vornherein unsinnig, dann können wir dem nicht zustimmen. Die meisten Menschen scheinen in der Tat keine oder zumindest kaum Probleme damit zu haben, sich ein Bewusstsein vorzustellen, das nicht von einem Körper abhängt. In den meisten Fällen meinen die Skeptiker daher wohl auch eher, dass sie Schwierigkeiten haben zu verstehen, wie ein Bewusstsein ohne Körper irgendeine Form von Wirksamkeit entfalten kann. Das dies problematisch ist, können wir durchaus nachvollziehen. Unsere bewusste Erfahrung ist an die Welt des Körperhaften gebunden und somit ist es schwierig, wenn nicht gar unmöglich, zu verstehen wie ein Bewusstsein unabhängig von dieser Welt operieren kann. Dies bedeutet jedoch nicht, dass die Vorstellung eines körperlosen Bewusstseins irrational wäre. Es ist keineswegs irrational, die Existenz von Dingen anzunehmen, die wir nicht ganz verstehen.

Ob man nun gute Gründe findet daran zu glauben, dass es körperloses Bewusstsein gibt oder nicht, hängt sehr stark vom gesamten Weltbild eines Menschen ab. Wie wir in einem anderen Buch bereits ausführlich dargestellt haben, finden wir viele zwingende Hinweise für die Existenz Gottes, der das absolute körperlose Bewusstsein ist.[21] Es gibt einen guten Grund, warum die meisten Menschen, die an einen allmächtigen, persönlichen Gott glauben, der alles geschaffen hat, kein Problem damit haben, an die Existenz von Engeln zu glauben. Wenn Gott existiert und das Universum aus Nichts schaffen kann, dann sollte die Erschaffung von Engeln für ihn eine Kleinigkeit sein. Ein weiteres Beispiel für ein körperloses Wesen oder ein körperloses Bewusstsein ist die Seele des Menschen nach dem Tod. Wenn irgendein nicht materieller Teil eines menschlichen Wesens nach dem Tod weiter existiert - nennen Sie es nun Bewusstsein, Seele, Geist oder wie Sie wollen - dann wäre das ein weiteres Beispiel für ein körperloses Bewusstsein. Auch hier gibt es gute Gründe anzunehmen, dass ein solches Dasein nach dem Tod Realität ist[22], genauso wie es gute Gründe gibt zu glauben, dass wir überhaupt eine Seele haben.[23] Im Grunde geht es um Folgendes: Wenn Sie nicht an Gott glauben, dürfen wir Ihnen dann mit allem gebotenen Respekt nahelegen, fürs Erste ein Lesezeichen in dieses Buch zu legen und sich zunächst einmal intensiv mit dieser Frage auseinanderzusetzen? Offen gesagt ist diese Frage viel, viel entscheidender als die Frage, ob Engel existieren. (Sie können das Buch ja später immer noch zu Ende lesen!) Wenn Sie jedoch Gewissheit haben, dass Gott existiert, dann sollte Ihnen die Vorstellung, dass Engel existieren, eigentlich keine Probleme bereiten.

> Es ist nicht irrational, die Existenz von Dingen anzunehmen, die wir nicht ganz verstehen.

WAHRHEIT:

Wenn Sie an Gott glauben können, dann können Sie auch an Engel glauben.

MYTHOS:

An Engel zu glauben ist irrational und abergläubisch.

Kapitel 3

Fragen Sie nie einen Engel nach seinem Lebenslauf

Engel sind nicht die beste Quelle für Informationen über Engel

Es ist eine Binsenweisheit, dass man, wenn man etwas über jemanden wissen will, ihn am besten selbst fragen sollte. So scheint es nur logisch zu sein, dass die Engel selbst „die besten Lehrer über die Natur und das Wirken von Engeln"[24] sind.

Dem ist aber keineswegs so. Es gibt mindestens vier Gründe, vorsichtig zu sein, wenn man seine Ansichten über Engel auf Informationen gründen will, die angeblich von ihnen selbst stammen.

Nicht alle „Engel" sind gleich

Der vielleicht wichtigste und offensichtlichste Grund, uns für unsere Angelologie nicht an die Engel selbst zu wenden, liegt darin, dass auch die „Engel" offenbar nicht alle einer Meinung sind. Zum einen gibt es Berichte über Besuche von Engeln in vielen verschiedenen und sich widersprechenden Religionen, zum anderen erzählt man sich in den Religionen und Kulturen dieser Welt Geschichten über die verschiedensten geistigen, übernatürlichen und jenseitigen Wesen. Zu diesen angeblich existierenden Wesen gehören Devas (Halbgötter der hinduistischen Überlieferung), Elementargeister, Feen und Elfen aller Art, Dschinns und viele andere.[25]

Engelenthusiasten erkennen diesen Punkt gelegentlich sogar an, wobei sie jedoch nicht dessen zur Vorsicht mahnende Aspekte bedenken. Die Autoren des Werkes *Frag deine Engel* (der Titel spricht für sich selbst) halten ihre Leser dazu an, sich einzustimmen „auf einen anderen Kanal auf einer höheren Frequenz, die Stimme Ihres Engels“ und räumen ein, dass man dabei auch durchaus Begegnungen anderer Art haben kann. „Nachdem Sie sich erst einmal auf die Engel eingestellt haben, werden Sie womöglich auch andere Stationen empfangen - die Stimmen von Führern, Außerirdischen und Naturgeistern.“[26]

Bevor wir irgendeine dieser Geschichten oder gar alle für bare Münze nehmen (und man findet durchaus Menschen, die all diese Kategorien von Wesen sehr ernst nehmen), sollten wir uns doch vielleicht erst einmal einer zuverlässigeren Quelle von Informationen über das Übernatürliche zuwenden.

Manche Berichte über Engel könnten auch falsch sein

Wir müssen die Möglichkeit in Betracht ziehen, dass einige der Geschichten, die man sich über Engel erzählt, schlicht falsch sind. Menschen, die davon berichten, dass sie einen Engel oder eine Fee oder irgendein anderes Wesen aus dem Jenseits gesehen haben, könnten entweder einer Täuschung erlegen sein, lügen oder ihre Erfahrung falsch interpretieren. Auf keinen Fall wollen wir damit jedoch sagen, dass *alle* diese Geschichten nicht wahr sind. Doch selbst wenn nur einige von ihnen falsch sind, brauchen wir irgendeinen Maßstab, anhand dessen wir feststellen können, welche Geschichten wahr und richtig sind und welche nicht.

Die „Engel“ könnten lügen

Vorausgesetzt, ein Bericht über eine solche Begegnung entspräche der Wahrheit, dann könnte es immer noch sein, dass der „Engel“ gelogen hat. Bei guten Engeln darf man natürlich davon ausgehen, dass sie nicht lügen. Aber es gibt keinen Grund anzunehmen, dass alle Engel gut sind. Gibt es jedoch auch böse Engel, dann ist es nur vernünftig anzunehmen, dass solche bösen Wesen auch lügen, wenn sie etwas über sich selbst sagen.

Auch hier gilt, dass die meisten, wenn nicht sogar alle Kulturen und Religionen die Vorstellung gemeinsam haben, böse Geister existierten in irgendeiner Form. Wenn Dämonen aber existieren, dann müssen wir herausfinden, welche der geistigen Wesen Engel sind und welche Dämonen und es ist äußerst unwahrscheinlich, dass sie verschiedenfarbige Uniformen oder irgendwelche Ausweise tragen, damit wir sie besser unterscheiden können.

Jay Stevenson

In der wirklichen Welt der Engelbeobachtung gibt es jedoch keine Regeln. Engel sind im Auge des Betrachters.[27]

Das Vernünftigste wäre also, nach einem zuverlässigen Weg zu suchen, wie man die Aussagen eines Engels überprüfen kann, bevor man irgendetwas davon annimmt.

Engel schreiben keine Autobiografien

Schließlich gibt es auch noch einige ehrwürdige traditionelle Aussagen über geistige Wesen, die andeuten, man solle von Engeln nicht erwarten, dass sie allzu viel über sich selbst offenbaren. Billy Graham nannte die Engel „Gottes Geheimagenten".[28] Diese Metapher ist auf vielerlei Weise hilfreich, nicht zuletzt deswegen, weil sie nahelegt, dass Engel schon durch ihre Arbeitsanweisungen daran gehindert sind, viel über sich selber zu sagen.

Laut traditionellem Glauben von Juden, Moslems und Christen überbringen Engel, wenn sie mit Menschen sprechen, Botschaften von Gott. Das Wort *Engel* selbst kommt von dem griechischen Wort *angelos*, was „Bote" bedeutet. Ebenso wie wir von menschlichen Boten erwarten, dass sie die Nachricht ihres Chefs überbringen und dann wieder verschwinden, so sollten wir auch nicht überrascht sein zu erfahren, dass Got-

> Es gibt keinen Grund für die Annahme, dass alle Engel gut sind.

tes Engel den Menschen die Botschaft überbringen, mit der Gott sie ausgesandt hat, und dabei nicht viel von sich selbst reden.

Aus all diesen Gründen sollten wir also nicht erwarten, von den Engeln selbst klare, verlässliche Informationen über Engel und Dämonen zu bekommen.

WAHRHEIT:

Einiges von dem, was Engel angeblich gesagt haben, könnte wahr sein.

MYTHOS:

Man kann Engeln vertrauen, dass sie zuverlässige Informationen über Engel liefern.

Kapitel 4

Alles, was Sie über Engel wissen müssen

Die Bibel sagt uns alles,
was wir über Engel und Dämonen wissen müssen.

Wenn man von irgendjemandem erwarten könnte, dass er sich auf persönliche Erfahrungen beruft, wenn es um Religion und Spiritualität geht, dann sicher von Jesus. Selbst skeptische Gelehrte bestätigen, dass Jesus ein Mann war, der von einer tiefen persönlichen Erfahrung Gottes geprägt war. Dennoch bezog sich Jesus nie auf seine eigenen Erfahrungen, wenn er sich mit anderen über kontroverse Fragen des Glaubens unterhielt, sondern auf die Schrift.

Ein beeindruckendes Beispiel dafür zeigt uns die Diskussion, die Jesus mit einigen Sadduzäern führte. Die Sadduzäer waren die „Partei" der Priester im Judentum des 1. Jahrhunderts, die den Tempel kontrollierte. Theologisch waren sie zudem die Liberalen ihrer Zeit und sie stellten eine ganze Reihe von Lehren infrage - sowohl solche, die aus den späteren Teilen des Alten Testaments stammten wie auch die Lehren der Pharisäer (dem rabbinischen Zweig des Judentums). Zum Beispiel glaubten die Sadduzäer weder an Engel noch an die zukünftige Auferstehung der Toten (vgl. Apostelgeschichte 23,6-9). Im Hinblick auf solche Fragen sagte Jesus den Sadduzäern: „Ihr irrt, weil ihr weder die Schrift kennt noch die Kraft Gottes." (Matthäus 22,29)

Warum der Bibel glauben?

Leider haben viele Menschen heutzutage ernsthafte Vorbehalte, ihre Überzeugungen zu irgendeinem Thema - ob es um Engel geht oder etwas anderes - auf die Bibel zu gründen. Mit dieser Frage haben wir uns an anderer Stelle bereits intensiver auseinandergesetzt.[29] Hier wollen wir uns darauf beschränken, einige Feststellungen zu machen, die belegen, dass die Bibel in dem, was sie über Engel und Dämonen sagt, vertrauenswürdig ist.

1.) *In der Bibel finden wir keine spekulativen oder leichtfertigen Details über Engel.* Sie liefert uns zum Beispiel keine Angaben über die exakte Zahl geistiger Wesen. Die Beschreibungen von Engeln, wenn sie Menschen besuchen, sind kurz (die Beschreibungen, nicht die Engel!) und enthalten praktisch keine Einzelheiten über ihre äußere Erscheinung. In auffälligem Gegensatz zur Engelliteratur fast aller anderen Zeitalter und Kulturen übt die Bibel in ihren Aussagen über Engel bemerkenswerte Zurückhaltung. Ähnlich zurückhaltend ist die Bibel auch in ihren Anmerkungen zum Teufel und seinen Dämonen. Faktisch gibt es in der ganzen Bibel keine einzige Stelle, in der das Aussehen des Teufels beschrieben wird.

2.) *Für die wichtigsten und dramatischsten Berichte der Bibel sind Engel von untergeordnetem Interesse.* Nirgendwo in der Schrift werden Engel als an und für sich interessant oder bedeutend dargestellt. Sie sind lediglich Botschafter und Diener Gottes, die seine Befehle ausführen, während die eigentliche Handlung sich um andere Dinge dreht. Daniel sah Engel, doch die Botschaft seines Buches lautet nicht, dass Engel ihn besucht haben, sondern dass Gott souverän über die Königreiche dieser Welt herrscht und letztendlich sein Königreich auf die Erde bringen wird. Die Bibel nennt nur zwei Engel mit Namen - Michael und Gabriel - und über beide sagt sie uns darüber hinaus nur sehr wenig.[30] Die Frauen, die früh am Ostermorgen Jesu Grab aufsuchten, sahen dort Engel, aber die gute Nachricht, die die Frauen den Jüngern Jesu überbrachten, war nicht, dass Engel in der Nähe waren, sondern dass Jesus lebte. Die beiläufige und zurückhaltende Art, wie in der Bibel über Engel berichtet wird, verleiht diesen Berichten eine Glaubwürdigkeit, die man bei außerbiblischen Engelgeschichten oft vermisst.

3.) *Die wichtigsten Engelberichte in der Bibel sind Teil von historisch belegbaren Ereignissen und Behauptungen der Bibel.* Eine ganze Reihe von Engelbesuchen sind eng mit Gottes Verheißungen an Abraham und Jakob verbunden, dass sie die Väter einer großen Menge werden würden (insbesondere in 1. Mose 18 und 32).

Karl Barth

Die Heilige Schrift gibt uns mehr als genug Stoff zum Nachdenken über Engel.[31]

Wir können natürlich historisch nicht nachweisen, dass die Engel Abraham und Jakob erschienen sind. Was wir jedoch mühelos belegen können ist, dass die Verheißungen, die Gott ihnen gegeben hat, in erstaunlicher Weise in Erfüllung gegangen sind.[32] Auch die Berichte in den Evangelien über die Engel an dem leeren Grab Jesu werden glaubwürdig, sobald man anerkennt, dass das leere Grab eine Tatsache ist und dass das viel erstaunlichere Wunder in diesem Zusammenhang, nämlich die Auferstehung von Jesus, historisch gut belegt ist.[33]

Für einen hartnäckigen, entschiedenen Skeptiker werden keine noch so guten Hinweise irgendein übernatürliches Geschehen jemals glaubwürdig werden lassen. Doch für jene, die für die Möglichkeit des Übernatürlichen aufgeschlossen sind, ist die Bibel die bei weitem vertrauenswürdigste Quelle aller Zeiten, wenn es um Informationen über Engel geht.

Biblisch über Engel denken

Wenn wir sagen, dass die Bibel die beste und zuverlässigste Quelle für Informationen über Engel ist - und für Christen, die letzte Autorität zu diesem Thema - bedeutet das nicht, wir hätten einfach nur vor, biblische Berichte über Engel wiederzugeben. Auch sind wir nicht der Ansicht, dass man niemals Berichten über Engel von außerhalb der Bibel Gehör schenken sollte. Wozu wir jedoch dringend raten ist über Engel und Dämonen *biblisch* zu denken. Wir wollen ganz kurz erläutern, was das bedeutet.

1.) *Jede Geschichte oder Lehre über Engel oder Dämonen, die der Bibel widerspricht, sollte zurückgewiesen werden.* Erinnern wir uns an das, was Jesus zu den Sadduzäern gesagt hat: Wenn man nicht weiß, was die Schrift sagt, ist man anfällig für Irrtümer. Die Bibel ist unsere erste Verteidigungslinie gegenüber Unsinn bezüglich Engel und Dämonen.

2.) *Wir sollten uns darüber informieren und versuchen zu verstehen, was die Bibel über Engel lehrt.* Nach den Worten von Paulus ist „alle Schrift von Gott eingegeben und nützlich zur Lehre" (2. Timotheus 3,16 ELB).

Martin Luther

Von Beginn meiner Reformation an habe ich Gott gebeten, mir weder Träume, noch Visionen, noch Engel zu senden, sondern mir ein rechtes Verständnis seines Wortes, der Heiligen Schrift, zu geben; denn solange ich Gottes Wort habe, weiß ich, dass ich auf seinem Wege gehe und nicht Irrtum oder Täuschung erliege.[34]

Mit anderen Worten: Alles was wir aus der Bibel über Engel und Dämonen erfahren können, wird uns in irgendeiner Weise hilfreich sein.

3.) *Wir sollten von den Menschen nicht erwarten, irgendwelche Behauptungen über Engel oder Dämonen zu glauben, die keine solide Grundlage in der Bibel haben.* Den gleichen Sachverhalt kann man mit den Worten von Karl Barth auch so ausdrücken, dass die Schrift uns alles über Engel sagt, was wir wirklich wissen müssen. Jede Spekulation

> Die Bibel ist unsere erste Verteidigungslinie gegenüber Unsinn bezüglich Engel und Dämonen.

über Engel, die nicht von der Bibel her untermauert werden kann, können wir ignorieren. Sofern solche Behauptungen der Bibel geradewegs widersprechen, sollten wir sie sogar zurückweisen, wie wir bereits ausgeführt haben.

Umgekehrt bedeutet dieser Punkt auch, man kann Annahmen über Engel, die von der Bibel her weder bestätigt noch widerlegt werden können, als akzeptabel, aber nicht wichtig, ansehen. Solche Vorstellungen kann man hegen oder sie diskutieren, doch es wäre nicht klug, aus diesen Gedanken weitreichendere Schlüsse abzuleiten.

4.) *Wir sollten alles, was uns an Wissen und Verstand zur Verfügung steht, einsetzen, um besser zu verstehen, was die Bibel über Engel und Dämonen sagt.* Es ist keine gute Idee, Naturwissenschaft oder Philosophie zu gebrauchen, um zu versuchen, die Bibel zu widerlegen; dagegen ist es sehr vernünftig, auf diese oder andere Gebiete der Wissenschaft zurückzugreifen, um die Bibel besser zu verstehen. Wie wir schon in Kapitel 2 erklärt haben, muss man sein kritisches Denken nicht aufgeben, um an Engel zu glauben.

WAHRHEIT:

Die Bibel ist die einzig wirklich zuverlässige Quelle über Engel und Dämonen.

MYTHOS:

Wenn man seine Ansichten über Engel auf die Bibel gründet, kann man sich nicht kritisch mit ihnen auseinandersetzen.

Teil 2

Was Engel sind und was sie nicht sind

KAPITEL 5

Lucy in the Sky with Demons: Sind Engel Außerirdische?

Engel sind keine uns in der evolutionären Entwicklung überlegenen außerirdischen Wesen.

Was sind Engel? Über die wahre Natur von Engeln sind bereits eine Menge Theorien entwickelt worden, doch eine von diesen ist ausgesprochen *modern*. Es ist die Ansicht, dass Engel Wesen von einem anderen Planeten (oder diversen Planeten) sind, die in ihrer Entwicklung bereits viel weiter fortgeschritten sind als wir.

Die Vorstellung, Engel seien in Wirklichkeit weit entwickelte Außerirdische, findet sich in verschiedenen Ausformungen, doch die gängigste Version lautet, dass die Menschen zur Zeit der Bibel von solchen interplanetarisch Reisenden besucht wurden und diese Besuche dann entsprechend ihrem vorwissenschaftlichen, übernatürlichen Weltbild interpretiert haben. Solche Besuche, die über viele Jahrhunderte anscheinend selten geworden waren, kamen seit den späten 1940er Jahren plötzlich wieder mit größerer Häufigkeit vor. Viele Menschen glauben, zumindest einige dieser UFOs (Unidentifizierte Fliegende Objekte) wären Raumfahrzeuge, geflogen von Angehörigen fremder Zivilisationen – Wesen von anderen Planeten, die unserer menschlichen Rasse technologisch und in anderer Hinsicht weit voraus sind. Aus der Hypothese, solche Besuche hätten auch in der fernen Vergangenheit stattgefunden, schlossen manche UFO-Enthusiasten, dass diese frühen Besucher der Erde (deren Fähigkeiten offenbar das Verständnis dieser „einfachen Menschen" überstiegen) als übernatürliche Wesen interpretiert wurden.

Wenn das für Sie nach Science Fiction klingt, dann haben sie völlig Recht! Die oben skizzierten Zusammenhänge bilden in der Tat die Grundlage für eine Vielzahl von Science-Fiction-Filmen und Fernsehsendungen. Manchmal geht es in den Geschichten um Aliens, die auf die Erde kamen und sich als Götter ausgaben (wie in dem Film Stargate und der Fernsehserie Stargate SG-1). In anderen Geschichten besuchen Menschen in der Zukunft Planeten, die in ihrer Entwicklung noch weiter zurück sind, und werden dort irrtümlich für Götter oder Engel gehalten (ein Thema, das bei Star Trek wiederholt vorkommt).

Engel: Die UFO-Connection

Wenn die Vorstellung von Engeln als Raumfahrern lediglich der Science Fiction vorbehalten bliebe, wäre sie im Grunde harmlos. Wird sie jedoch zur Grundlage einer Religion, dann ist etwas entsetzlich schiefgelaufen. In vielen dieser UFO-Kulte behaupten die Führer, Botschaften weiterzugeben, die sie zuvor (z. B. telepathisch) von diesen „Engeln" (die oft Weltraum-Brüder genannt oder mit anderen exotischen Bezeichnungen belegt werden) empfangen haben.

Einer der einflussreicheren UFO-Kulte ist die Unarius Academy of Science, die von dem Ehepaar Ernest und Ruth Norman gegründet wurde. Laut Internetseite der Gruppe hatte Frau Norman 1975 eine übersinnliche Offenbarung, sie und ihr verstorbener Ehemann wären Reinkarnationen von Isis und Osiris, Persönlichkeiten, die vor tausenden von Jahren Kontakt mit Außerirdischen gehabt hätten und „von den Erzengeln Raphiel und Uriel überschattet wurden".[35] Demnach würde die Erde geistlich darauf vorbereitet, in die „Interplanetarische Konföderation", die gegenwärtig aus zweiunddreißig anderen Planeten bestünde, aufgenommen zu werden. Hilfe erhielte die Menschheit dabei nicht nur durch übersinnliche Kontakte mit Wesen von diesen anderen Planeten, sondern auch durch übersinnliche Kommunikation mit abgereisten Erdlingen, wie dem in den 1950er Jahren verstorbenen Schauspieler James Dean und dem Autor von *Tarzan*, Edgar Rice Burroughs.

Ein weiterer wichtiger UFO-Kult ist Urantia. Dieser Kult rankt sich um das *Buch Urantia*, das angeblich „von einem Autorenteam übermenschlicher Wesen" herausgegeben und 1955 erstmals veröffentlicht wurde. Nach Urantia ist die Welt ein schwindelerregendes Spektrum von Universen, die von hoch entwickelten Wesen verschiedenster Art, darunter auch „Engeln", bevölkert werden:

> *Die Engel sind als dienende Geiste eng mit den evolutionären und aufsteigenden Willensgeschöpfen des ganzen Raums verbunden; aber sie sind auch die Kollegen und aktiven Mitarbeiter der höheren Heerscharen göttlicher Persönlichkeiten der Welten...*

Doctor Leonard McCoy

Einmal, nur ein einziges Mal, möchte ich irgendwo landen können und sagen: „Siehe, ich bin der Erzengel Gabriel."[36]

Wie die Botschafterheere des Alls genießen die dienenden Geiste Zeiten der Ruhe und Abwechslung; sie besitzen sehr gesellige Naturen und ihre assoziative Fähigkeit lässt jene menschlicher Wesen weit hinter sich.[37]

Sind Engel eine zukünftige Stufe unserer Entwicklungsgeschichte?

Der wahrscheinlich ernsthafteste Versuch, die Engel-sind-Außerirdische-Theorie darzustellen, ist Geddes MacGregors Buch *Angels: Ministers of Grace*. MacGregor weist darauf hin, dass Evolutionisten „Lucy" - einen Hominiden, dessen Alter auf drei Millionen Jahre datiert wird - als einen unserer frühesten Vorfahren ansehen. Weiter führt er aus, der moderne

Mensch habe sich gegenüber Lucy physisch und intellektuell deutlich weiterentwickelt. Daraus folgert er, Engel könnten Wesen sein, die uns gegenüber in der Entwicklung genauso weit voraus sind, wie wir gegenüber Lucy.

> *(Engel) könnten eine spätere Stufe in dem langen, evolutionären Prozess der menschlichen Entwicklung darstellen ... in dem Lucy ein anderer Meilenstein gewesen ist. Wenn wir die Tatsache evolutionärer Prozesse, wie sie uns aus so vielen Gebieten der modernen wissenschaftlichen Forschung bestätigt werden, ernst nehmen, dann ist die Wahrscheinlichkeit der Existenz von Wesen, die intellektuell und geistig weiter fortgeschritten sind als wir, einfach überwältigend groß.*[38]

Für MacGregor ist eine solche Erklärung für die Existenz von Engeln der einzig gangbare Weg, heutzutage ihre Glaubwürdigkeit zu erhalten. Die orthodoxe Sicht von Engeln als geistigen Wesen, die Gott als eigene Ordnung unter den Geschöpfen erschaffen hat, ist seiner Ansicht nach nicht mit der Evolution in Übereinstimmung zu bringen. Wir müssten also Engel als fortschrittliche Wesen von irgendwoanders im Universum ansehen, die sich aus uns ähnlichen Wesen, die vor Äonen lebten, entwickelt haben. Und wenn es da draußen geschehen ist, dann könnte es eben auch hier geschehen: „Will man Engel heute noch ernst nehmen, dann müssen sie für eine Entwicklungsstufe stehen, auf die sich zumindest einige menschliche Wesen, wenn auch langsam, im Zuge einer geistigen Evolution zu bewegen."[39]

Mortimer J. Adler

(Engel) sind nicht einfach nur Form außerirdischer Intelligenz. Sie sind Form außerkosmischer Intelligenz.[40]

Engel sind Außerirdische: Unsinn!
Die Theorie, Engel wären tatsächlich außerirdische Wesen von anderen Planeten, ist tatsächlich Unsinn. Zwei Überlegungen machen diese Schlussfolgerung zur Gewissheit.

1.) Die ganze Vorstellung, Außerirdische würden in Raumfahrzeugen die Erde besuchen, ist ein moderner Mythos, für den es keinerlei Beweise gibt - im Gegenteil gibt es gute Gründe, ihn als falsch zurückzuweisen. Der moderne UFO-Wahn begann in den Vereinigten Staaten in den Jahren nach dem 2. Weltkrieg und damit zufällig genau zu der Zeit, als die US-Regierung mit neuen Typen von sehr leistungsfähigen Luftfahrzeugen zu experimentieren begann. Aus irgendeinem Grund ereigneten sich die wichtigsten Sichtungen und „Abstürze" von UFOs in den Wüstengebieten des amerikanischen Südwestens - in genau der Gegend, in der man die Tests des Militärs vermuten würde, während es wohl eher nicht der Ort ist, für den sich Außerirdische besonders interessieren würden.

Seitdem Wissenschaftler auf der Erde und im Sonnensystem die Bedingungen erforscht haben, unter denen biologisches Leben möglich ist, wurde immer offensichtlicher, dass solches Leben im Universum äußerst selten sein muss. Doch selbst wenn auf anderen Planeten Leben in irgendeiner Form existiert, ist es noch viel unwahrscheinlicher, dass diese Wesen eine Reise hierher unternehmen würden oder auch nur unternehmen könnten.[41]

2.) Die biblische Beschreibung der Engel passt einfach nicht mit dem Mythos der Besucher von anderen Planeten zusammen. Damit die Theorie stimmig wäre, müsste man einiges von dem, was die Bibel sagt, übernehmen, anderes jedoch, das nicht ins Bild passt, ignorieren. Der wohl offensichtlichste Widerspruch besteht darin, dass man dann annehmen müsste, das Wenige, was die Engel in der Bibel über sich selber sagen, wäre gelogen. Die Engel in der Bibel behaupten nämlich Boten zu sein, die von dem Gott, der das Universum geschaffen hat, ausgesandt wurden und nicht Repräsentanten einer Föderation der Planeten oder der Gemeinschaft der Weltraumbrüder.

Darüber hinaus beschreibt die Bibel, wie wir noch sehen werden, Engel als eine Art von Wesen, die sich völlig vom Menschen oder irgendeinem anderen biologischen Geschöpf unterscheidet. Nach der Schrift sind Engel geistige Wesen, nichtkörperliche Wesenheiten, die zu einem Bereich unsichtbarer Wirklichkeit gehören. Sie sind keine Besucher aus einem anderen Teil des Universums; vielmehr sind sie Besucher *in* unserem physischen Universum aus einer Welt jenseits des Physischen.

Wenn wir die Engel verstehen wollen, müssen wir daher über die Sterne hinaus blicken.

WAHRHEIT:

Engel sind mächtige Wesen, die nicht von unserer Welt stammen.

MYTHOS:

Engel sind überlegene Wesen von anderen Planeten.

Kapitel 6

Ein Engel ist eine Person, egal wie klein

Engel heben Reisen mit leichtem Gepäck auf eine ganz neue Ebene

Wenn Engel nun keine unglaublich weit fortgeschrittenen Wesen von anderen Planeten sind, was sind sie dann? Es scheint naheliegend, bei der Suche nach einer Antwort mit dem Wort „Engel" selbst zu beginnen. Wie schon oben erwähnt, kommt das Wort „Engel" vom griechischen Wort *angelos*, das auch in der Bibel verwendet wird und wörtlich „Bote" bedeutet. In der Tat werden sowohl das hebräische Wort *ma'lak* als auch das griechische Wort *angelos* in der Bibel gelegentlich auch für menschliche Boten gebraucht. Wie der Kirchenvater Augustinus uns schon vor vielen Jahrhunderten erklärte, sagt das Wort „Engel" uns etwas darüber, was Engel *tun*, aber nicht darüber, was Engel *sind*. Das biblische Wort, das am besten beschreibt, was Engel sind, ist das Wort „Geist". Was also sind Geister?

Engel sind Geister – aber was sind Geister?

In Hebräer 1 werden Engel zweimal als „Geister" bezeichnet (Hebräer 1,7 und 14). Bei einer dieser beiden Stellen steht in den meisten modernen Übersetzungen jedoch das Wort „Winde" statt „Geister". „Von den Engeln spricht er zwar: ‚Er macht seine Engel zu Winden und seine Diener zu Feuerflammen' " (Hebräer 1,7). Nun denken Sie vielleicht, das sei ja doch recht verwirrend, aber es ist gar nicht so kompliziert, wie es scheint. Sowohl im Hebräischen (der Sprache, in der das Alte Testament geschrieben wurde) als auch im Griechischen (das in alten Übersetzungen des Alten Testaments und im ursprünglichen Neuen Testament verwendet wurde) bedeutet das Wort, das wir mit „Geist" übersetzen, zugleich auch „Wind" und „Atem". Das hebräische Wort dafür war *ruach* und das griechische Wort *pneuma* (von dem unser Wort „pneumatisch" kommt, das etwas bezeichnet, das mit bewegter Luft zu tun hat). So bezieht sich zum Beispiel der Ausdruck „der Atem (*ruach* oder *pneuma*) des Lebens" auf die Fähigkeit von Menschen und Tieren, als eine notwendige Funktion des physischen Lebens Luft zu atmen (1. Mose 6,17; 7,15). Die Wörter *ruach* und *pneuma* werden aber auch für Winde, die Gott wehen lässt, gebraucht (1. Mose 8,1). (Allerdings wird an den meisten Stellen, wo im hebräischen Alten Testament *ruach* für „Wind" steht, in den griechischen Übersetzungen *anemos* statt *pneuma* verwendet.)

Doch die Wörter *ruach* und *pneuma* werden auch dort eingesetzt, wo es offensichtlich um religiöse Zusammenhänge geht. Höchst bedeutsam ist, dass beide Wörter verwendet werden, um zu beschreiben, was für eine Art von Wesen Gott ist. So finden wir im Alten Testament zum Beispiel folgende Aussage: „Auch die Ägypter sind Menschen und nicht Gott, und ihre Pferde sind Fleisch und nicht Geist (*ruach*)" (Jesaja 31,3). Hier wird bei Jesaja Gott als „Geist" beschrieben, im Gegensatz zu den Pferden der Ägypter, die „Fleisch" sind.

Diesen Gegensatz von Geist und Fleisch finden wir im Neuen Testament häufiger (z. B. Lukas 24,39; Johannes 3,6; Römer 8,4 - 6; Galater 6,8).[42] An anderen Stellen heißt es vom Menschen, er sei sowohl Fleisch als auch Geist (1. Korinther 5,5; 2. Korinther 7,1), was bedeutet, dass der Mensch sowohl physische als auch nicht physische Aspekte hat. Wenn Gott als „Geist" bezeichnet wird, bedeutet dies demnach, dass Gott ein nicht körperliches Wesen ist. Die bekannteste Stelle in diesem Zusammenhang ist wohl die, wo Jesus sagt, „Gott ist Geist (*pneuma*)" - womit er sagen will, Gott ist ein nicht körperliches Wesen, das daher an jedem Ort angebetet werden kann (Johannes 4,20 - 24). So und ähnlich verwendet die Bibel das Wort „Geist", um damit nicht körperliche Wesenheiten zu bezeichnen und so ist es auch im Hinblick auf die Engel zu verstehen.

Augustinus

„**Engel** bezeichnet das Amt, nicht die Natur.
Fragst du nach seiner Natur, so ist er ein Geist;
fragst du nach dem Amt, so ist er ein Engel:
seinem Wesen nach ist er ein Geist, seinem Handeln nach ein Engel."[43]

In Hebräer 1,7 wird das Wort *pneuma* als Zitat aus Psalm 104,4 in einer Art Wortspiel verwendet. Den hebräischen Text von Psalm 104,4 kann man übersetzen: „Der du machst Winde zu deinen Boten und Feuerflammen zu deinen Dienern" (LUT). Doch kann man den Vers auch andersherum lesen und die Wörter „Boten" (Heb.: *mal'ak*) und „Winde" (Heb.: *ruach*) können als „Engel" bzw. „Geister" übersetzt werden. So lesen wir den Vers in der griechischen Übersetzung des Alten Testaments (die in Hebräer 1,7 zitiert wird) in einer abgewandelten Form: „Der seine Engel zu Geistern macht und seine Diener zu einer Feuerflamme."[44] Sowohl Wind als auch Feuer sind starke Kräfte, die sich schnell bewegen und keinen Körper haben - wobei der Wind tatsächlich auch noch unsichtbar ist. Somit werden die Engel in diesen Versen als unsichtbare Wesen dargestellt, die keinen Körper haben und sich schnell und voller Kraft im Dienste Gottes bewegen können.

Engel haben keine Körper und sind doch Personen

Die gesamte Kirchengeschichte hindurch haben die meisten christlichen Theologen die Bibel so verstanden, dass Engel *immaterielle* Wesen sind, also Wesen, die an sich keinen Körper besitzen. Mit dem Wort „Körper" ist dabei ein Objekt gemeint, das einen bestimmten Raum einnimmt und zumindest eine einigermaßen stabile Struktur aufweist. Einige ernst zu nehmende Hinweise stützen diese Schlussfolgerung.

Abgesehen von der Aussage in Hebräer 1,7 und 14, dass Engel Geister sind, spricht die Bibel auch im Hinblick auf Dämonen an vielen Stellen von „Geistern", meistens in Form von Ausdrücken wie „böse Geister" (1.Samuel 16,14-16.23;

19,9; Matthäus 12,43-45; Lukas 7,21; 8,2; 11,24-26; Apostelgeschichte 19,12-16) oder „unreine Geister" (z. B. Sacharja 13,2; Matthäus 10,1; Markus 1,23-27; Lukas 4,36; Apostelgeschichte 5,16; Offenbarung 16,13).[45] Diese Geister haben ganz offensichtlich keinen eigenen Körper, da sie von den Körpern menschlicher Wesen Besitz ergreifen können (vgl. Kapitel 18). In den Evangelien stehen diese bösen oder unreinen Geister im Gegensatz zum Heiligen Geist (Matthäus 12,22-32; Markus 3,22-30). Der Heilige Geist ergreift keinen „Besitz" von Menschen, sondern kann Menschen „erfüllen" um ihnen die Kraft zu geben, Gottes Willen zu tun (z. B. Apostelgeschichte 6,3.5; Epheser 5,18).

Hebräer 1,14

Sind sie nicht alle dienstbare Geister, ausgesandt zum Dienst um derer willen, die das Heil erben sollen? (ELB)

Aus diesen und anderen Handlungen des Heiligen Geistes kann man sehr leicht ablesen (wie es die meisten auch tun), dass er keinen Körper hat. Doch es gibt noch etwas anderes, aus dem man erkennen kann, dass Engel immateriell sind: Sie erscheinen den Menschen in ihren Träumen (z. B. Matthäus 1,20.24; 2,13.19). Matthäus sagt hier nicht, Josef habe von einem Engel geträumt; er sagt, dass ein Engel des Herrn Josef tatsächlich in seinen Träumen erschienen ist. Auch das lässt sich am besten damit erklären, dass Engel keine Körper haben.

Einige Leser der Bibel nehmen fälschlicherweise an, dass Paulus Engel meinte, wenn er von „himmlischen" Körpern sprach (1. Korinther 15,40). Dabei verrät uns Paulus doch gleich im nächsten Atemzug, an welche Art von Körpern er dabei gedacht hat: Sonne, Mond und Sterne sind jene himmlischen Körper (Vers 41), und nicht die Engel, die in dem gesamten Kapitel überhaupt nicht erwähnt werden.

Wir kommen also zu dem Ergebnis, dass Engel keine Körper haben. Das lässt einige interessante Schlussfolgerungen in Bezug auf bestimmte weit verbreitete Annahmen über Engel zu, mit denen wir uns im nächsten Kapitel beschäftigen werden.

WAHRHEIT:

Engel sind Geister

MYTHOS:

Geister haben Körper

Kapitel 7

Von Männern, Frauen und Engeln

Engel können in körperlicher Form erscheinen, aber sie erscheinen niemals als spezifisch männlich oder weiblich.

Im vorhergehenden Kapitel haben wir Gründe dafür aufgeführt, dass Engel immaterielle Wesen sind (wie es die meisten Christen ja auch immer schon gesehen haben). Nun werden Sie sich vielleicht fragen, was mit jenen Stellen in der Bibel ist, wo Engel für menschliche Augen sichtbar waren und zumindest den Anschein erweckten, als hätten sie Körper.

Sie sahen eine körperliche Gestalt

Tatsächlich konnten Engel in körperlicher Form erscheinen. Der biblische Befund zeigt, dass Engel bei solchen Gelegenheiten *zeitweise* eine physische Gestalt bekamen. Das bedeutet jedoch gleichzeitig, dass die Verkörperung in physischer Gestalt nicht ihre natürliche Daseinsform war. Von Natur aus gehören Engel zur Welt der „unsichtbaren" Schöpfung im Gegensatz zur „sichtbaren" Welt, die wir um uns herum wahrnehmen (vgl. Kolosser 1,16).

In den biblischen Berichten, in denen Engel Menschen besuchen, scheinen die Engel grundsätzlich plötzlich aufzutauchen und dann ohne Erklärung wieder zu verschwinden. Nehmen wir zum Beispiel die Begebenheit, in der Lukas davon berichtet, dass die Frauen das Grab von Jesus leer vorfanden und den Stein weggerollt: „Plötzlich standen zwei Männer in strahlenden Gewändern neben ihnen," woraufhin sich die Frauen erschreckt vor ihnen verneigten (Lukas 24,4-5 NLÜ). (Johannes bezeichnet diese beiden Personen in Johannes 20,12 als „Engel"; siehe auch Lukas 24,22-23.) Wenn Engel erschienen, dann war ihre körperliche Form also offensichtlich vorübergehender Natur, angenommen zu dem Zweck, mit menschlichen Wesen in Kontakt zu treten - und nicht ihre eigentliche Gestalt.

Aus der Tatsache, dass Engel von sich aus keine physischen Körper besitzen, kann man einige Schlussfolgerungen ziehen. Schlussfolgerungen, die uns helfen werden, Einiges von der heute weit verbreiteten Kunde über Engel als unglaubwürdig zu entlarven.

Rate mal, wer zum Abendessen kommt?[46]

Wenn Engel keine physischen Wesen sind, dann folgt daraus, dass sie auch nicht zu essen brauchen. Nur wenn man annehmen würde, dass sie über physische Körper verfügten, wären sie überhaupt in der Lage zu essen.

In der ganzen Bibel gibt es nur zwei Gelegenheiten, bei denen davon die Rede ist, dass Engel etwas gegessen haben - und beide ereigneten sich am selben Tag. In 1. Mose 18 erschien „der HERR" dem Abraham (1. Mose 18,1). Gleich darauf heißt es im Text, dass Abraham „drei Männer" sah und ihnen etwas zu essen und Wasser für ihre Füße anbot (1. Mose 18,2-5). Eilig bereiteten Abraham und seine Frau Sarah dann ein Mahl und „sie aßen" (18,8). (Uns wird nicht gesagt, ob Abraham tatsächlich ihre Füße wusch, obwohl man das wohl annehmen darf.)

Dann sprach „der HERR" eine Weile mit Abraham während „die Männer" (wahrscheinlich die beiden, die den Herrn begleitet hatten) aufbrachen, um hinunter nach Sodom zu gehen (1. Mose 18,22). Später erfahren wir, dass diese beiden „zwei Engel" oder „zwei Boten" waren (19,1) und dass sie, als sie an diesem Abend nach Sodom gingen, bei Abrahams Neffen Lot einkehrten, der ihnen gleichfalls anbot, ihre Füße zu waschen und ihnen etwas zu essen servierte (19,2-3). Am nächsten Tag führten „die Engel" Lot und seine Familie aus Sodom heraus, damit sie nicht mit dem Rest der Stadt zerstört würden (1. Mose 19,15-16).[47] Sie waren darüber hinaus einverstanden, eine der kleineren Städte in der Ebene (mit

Namen Zoar) zu verschonen, damit Lot sich mit seiner Familie dort niederlassen konnte (19, 17-22).

Diese beiden Engel - einmal vorausgesetzt, sie waren wirklich geistige Wesen aus der Ordnung der Engel - sind die einzigen Engel, von denen es in der Bibel heißt, dass sie etwas gegessen haben. An anderen Stellen der Bibel essen geistige Wesen auch dann keine physische Nahrung, wenn sie die Gelegenheit dazu haben. Als dem „Engel des HERRN" im Buch der Richter von gastfreundlichen Menschen etwas zu essen angeboten wird, isst er es nicht, sondern „verzehrt" es stattdessen mit Feuer in einem Brandopfer (Richter 6,18-22; 13,15-20). (Mit der Frage, wer dieser geheimnisvolle „Engel des HERRN" war, werden wir uns in Kapitel 10 noch eingehender beschäftigen.) Nachdem Jesus von den Toten auferstanden war, wollte er seinen Jüngern beweisen, dass er nicht einfach nur ein „Geist" war und aß vor ihren Augen ein Stück gebratenen Fisch (Lukas 24,36-43). Diese Begebenheiten beweisen zwar nicht, dass Engel nicht essen *können*, aber sie legen doch nahe, dass es für jedes geistige Wesen zumindest unnormal ist zu essen.

Es sind drei Interpretationen denkbar, mit denen all diese Informationen einen Sinn ergeben könnten. 1.) Man könnte mutmaßen, dass die beiden Besucher, die den Herrn begleiteten als er Abraham besuchte und die dann weitergingen, um Lot zu besuchen, in Wirklichkeit Menschen waren und keine Engel. Das hebräische Wort *mal'ak*, das wir mit „Engel" übersetzen, bedeutet wörtlich „Bote" und bezieht sich nicht notwendigerweise nur auf die geistigen Wesen, die Gott geschaffen hat, um seine Boten zu sein.

Obwohl nichts im 1. Buch Mose gegen die Vorstellung spricht, dass die Besucher menschliche Wesen waren[48], so hat doch beinahe jeder beim Lesen dieser Begebenheit unwillkürlich den Eindruck, dass diese „Boten" mit Gott aus dem Himmel kamen. Sie tauchen mit Gott zusammen auf, sprechen in seinem Namen mit Lot, blenden die Männer von Sodom, die Lot bedrohen, sind autorisiert auf Lots Bitte hin eine der Städte vom Gericht des Herrn auszunehmen und verschwinden wieder aus der Erzählung, nachdem sie ihre

Aufgabe bei Lot erfüllt haben. All das sind Handlungen, die natürlich auch menschliche Wesen ausführen könnten, doch betrachtet man das Gesamtbild, dann scheint es am schlüssigsten, dass die Bezeichnung „Engel", die im Text für sie verwendet wird, sich auf geistige, himmlische Wesen bezieht.[49]

2.) Nun könnte man annehmen, die Engel *hätten nur so getan* als würden sie essen. Dieser Standpunkt wird in den alten jüdischen Interpretationen dieser Stelle durchgängig vertreten. Philo, der jüdische Philosoph des 1. Jahrhunderts, schrieb: „Es ist in der Tat verwunderlich, dass sie, obwohl sie weder aßen noch tranken, doch den Eindruck erweckten, als würden sie essen und trinken." In gleicher Weise erklärt Josephus, der jüdische Historiker des späten 1. Jahrhunderts, die Engel „gaben ihm den Anschein zu essen."[50] Der wichtigste Einwand gegen diese traditionelle Interpretation - die man trotzdem nicht leichtfertig verwerfen sollte - besteht darin, dass es in 1. Mose einfach nur heißt, die Männer „aßen" (1. Mose 18,8; 19,3), ohne irgendeinen Hinweis, es hätte nur den Anschein gegeben, als würden sie essen.

3.) Damit bleibt uns nur noch eine dritte mögliche Erklärung: Die Engel aßen tatsächlich, waren dazu jedoch nur in der Lage, weil sie vorübergehend menschliche Gestalt angenommen hatten. Die Engel aßen die Speisen, die Abraham und Lot ihnen anboten, nicht weil sie derartige Nahrung gebraucht hätten, sondern um die Gastfreundschaft, die Abraham und Lot ihnen boten, zu ehren. Eine Gastfreundschaft, die in scharfem Kontrast zum ungastlichen Verhalten der Leute von Sodom stand (1. Mose 19,4-9).

Die mangelnde Sorge für die Armen und Bedürftigen - üblicherweise drückte man Fürsorge in der antiken Welt durch Gastfreundschaft aus - war, neben sexueller Perversion, eine der schwerwiegenden Sünden von Sodom und Gomorrha (Hesekiel 16,49, siehe auch Jesaja 1,9-10.17).[51] Wenn man dies bedenkt, dann könnten die Engel auch menschliche Gestalt angenommen und Nahrung zu sich genommen haben, um Abraham und Lot Gelegenheit zu geben, ihren wahren Charakter zu zeigen, bevor sie ihnen ihre guten Nachrichten überbrachten (für Abraham, dass er in seinem hohen Alter noch einen Sohn haben würde und für Lot, dass er von dem Gericht über die Städte in der Ebene verschont werden würde).

Es gibt allerdings auch Christen, die glauben, die Engel im Himmel würden regelmäßig essen. Um diese Vorstellung zu begründen, verweisen sie auf den Begriff „Brot der Engel" in Psalm 78,25.[52] Schauen wir uns diese Stelle doch einmal an:

> *... und ließ Manna auf sie regnen zur Speise*
> *und gab ihnen Himmelsbrot.*
> *Brot der Engel aßen sie alle,*[53]
> *er sandte ihnen Speise in Fülle.*
> *(Psalm 78,24-25 LUT)*

Nachdem die Israeliten aus Ägypten entkommen waren, hatte Gott sie mit einer brotähnlichen Speise versorgt, die jeden Morgen den Boden bedeckte. Die Israeliten, die so etwas noch nie zuvor gesehen hatten, nannten das Brot *manna*, was soviel bedeutet wie „was ist das?" (2. Mose 16,14-15,31). Doch handelte es sich dabei nicht im buchstäblichen Sinn um Engelspeise, und es wurde auch nicht wirklich aus himmlischen Vorratskammern in die Wüste gebracht!

Der Psalmist gebraucht also den Ausdruck „Brot der Engel" in einem bildhaften Sinn, um damit auszudrücken, dass dieses Brot ein Wunder war, durch das Gott sie versorgt hatte. Er will nicht sagen, Engel würden im wörtlichen Sinn Brot essen oder auch nur, Engel würden im Himmel überhaupt irgendetwas essen. Als immaterielle Geister brauchen Engel nicht zu essen.

Tut uns leid,
aber Engel sind auch keine attraktiven Damen

Wenn Engel körperlos sind, dann folgt daraus auch, dass sie kein bestimmtes Geschlecht haben. Männlich und weiblich sind biologische Unterscheidungsmerkmale, die für Wesen ohne Körper einfach keine Bedeutung haben. Das gilt nicht nur für Engel, sondern genauso auch für Gott, der ebenfalls nicht buchstäblich männlich ist. Obwohl die Bibel von Gott normalerweise in männlichen Bildern spricht (z. B. „Vater", „König") und männliche Pronomen verwendet („er"), ist Gott von Natur aus weder männlich noch weiblich, sondern ein immaterieller, unendlicher Geist (Johannes 4,24).[54]

Genauso sind Engel weder männlich noch weiblich. In der ganzen Bibel werden zwar maskuline Pronomen verwendet, wenn es um Engel geht, und manchmal werden sie auch „Männer" genannt, aber an keiner Stelle gibt es eine Beschreibung, die nahelegen würde, dass sie im eigentlichen Sinn männlich sind. Die Sprache der Bibel greift bei Engeln zu maskulinen Formen, weil dies in den meisten Sprachen die „vorgegebene" Wahl ist, wenn das Geschlecht einer Person entweder unbekannt oder unwichtig ist. Und auf keinen Fall gibt es in der Bibel *irgendeinen* Hinweis darauf, dass Engel weiblicher Natur wären.

Es ist interessant festzustellen, dass viele Engelberichte unserer Zeit die angeblichen Engel unverhohlen als männlich oder weiblich beschreiben. Der erste Engel, den John Randolph Price in seinem Buch *Engel-Kräfte* beschreibt, hat „das Gesicht und die Gestalt einer wunderschönen Frau, die eine fließende, weiße Robe trägt, die mit Gold besetzt ist".[55] Genauso erzählt man sich auch Geschichten von sehr maskulinen Engeln. In einer dieser Geschichten sah eine Frau einen Engel, der „aussah wie ein adretter Footballspieler von nebenan ... nur größer und sehr muskulös."[56] Wir sollten wohl nicht allzu überrascht sein, dass Frauen oft die attraktiven männlichen Engel sehen, während Männer oft die hübschen weiblichen Engel sehen!

Auch wenn wir keinen biblischen Grund kennen, warum Engel nicht in offensichtlich maskuliner oder femininer Gestalt auftreten *könnten*, so gibt es doch für die detaillierten Beschreibungen von Engeln, wie sie heutzutage so verbreitet sind, kein Vorbild in der Schrift. In den allermeisten Fällen werden Engel in der Bibel überhaupt nicht beschrieben.[57] Die genaueste Beschreibung der Gestalt eines Engels, die wir in der Bibel finden, ist die eines „jungen Mannes" (Markus 16,5).[58] Wir sollten daher lieber vorsichtig sein, wenn es um die Beschreibung von Engelerscheinungen unserer Tage geht. Je mehr Details wir über ihr Geschlecht, ihre Attraktivität, Haarfarbe, Kleidung usw. erfahren, desto wahrscheinlicher wird es, dass es sich bei der Person gar nicht um einen Engel im eigentlichen Sinn handelt. Vielleicht am beunruhigendsten sind die Fälle, in denen Engel als geradezu sinnliche Wesen, sei es nun als Mann von herber Anziehungskraft oder als sanfte wunderschöne Frau, beschrieben werden. Solche Beschreibungen sind eindeutige Hinweise darauf, dass es sich bei diesen „Engeln" entweder um eine Erfindung oder Einbildung handelt, um irrtümlich für Engel gehaltene Menschen oder gar um Erscheinungen von Dämonen.

Wahrheit:

Engel können in menschlicher Gestalt erscheinen.

Mythos:

Engel sind Wesen, die sichtbar männlich oder weiblich sind.

KAPITEL 8

Wir sind keine Engel

Menschen waren vor der Geburt nicht im Himmel und wir werden auch nach dem Tod keine Engel.

Wenn Engel, wie wir in den vorangegangenen beiden Kapiteln herausgefunden haben, keine Körper haben und auch nicht männlichen oder weiblichen Geschlechts sind, dann wäre es vielleicht gut, auch einige andere weit verbreitete Annahmen über Engel noch einmal zu überdenken. Zu diesen gehört unter anderem der Gedanke, dass Menschen entweder *Engel waren* bevor sie auf die Erde kamen oder nach dem Tod *zu Engeln werden*. Solche Vorstellungen, die es schon eine ganze Weile gibt, sind in zahlreichen Filmen und Fernsehserien einer breiten Öffentlichkeit vorgestellt worden.

Wir waren vor unserer Geburt keine Engel

In dem Film *Der blaue Vogel* von 1940 spielt Shirley Temple ein kleines Mädchen, das einen Besuch im Himmel macht und dort einer großen Zahl von Kindern begegnet, die darauf warten, geboren zu werden. Als skurrile Fantasie kann solch eine Geschichte durchaus unterhaltsam und bewegend sein, gute Theologie ist sie jedoch nicht.

Nach biblischer Aussage existieren menschliche Wesen vor ihrem physischen, irdischen Leben nicht als himmlische oder geistige Wesen. Das allererste menschliche Wesen, Adam, wurde ein „lebendiges Wesen" als Gott seinen Körper aus Erde formte und ihm dann Leben einhauchte (1. Mose 2,7). Hier geht es nicht um eine bereits personenhafte Seele, die in einen menschlichen Körper gesandt wird, sondern um Leben, das dem menschlichen Körper eingehaucht wird. Im Neuen Testament erklärt Paulus, dass Adam von der Erde kam, im Gegensatz zu Jesus, der *tatsächlich* aus dem Himmel kam (1. Korinther 15,47).

Jesus ist in der Tat das einzige menschliche Wesen, dessen Existenz als Person in die Zeit vor seinem Leben als Mensch auf dieser Erde zurückreicht. Beachten Sie den Gegensatz in der folgenden Schriftstelle, in der Johannes der Täufer als jemand bezeichnet wird, der „von der Erde ist“ und Jesus, als jemand, der „vom Himmel kommt“ und „über allen ist“: „ Der von oben her kommt, ist über allen. Wer von der Erde ist, der ist von der Erde und redet von der Erde. Der vom Himmel kommt, der ist über allen“ (Johannes 3,31).

Die Tatsache, dass Menschen erst bei ihrer körperlichen Empfängnis anfangen zu existieren und keine Präexistenz im Himmel führen, entzieht einigen abseitigen Strömungen der Christenheit völlig den Boden unter den Füßen. So lehrt zum Beispiel das Mormonentum, dass alle Menschen, bevor sie auf die Erde kamen, im Himmel bereits als männliche und weibliche geistige Kinder Gottes existierten. So unanstößig dieses Kernelement der Mormonenlehre vielen in unserer Kultur erscheinen mag, steht es doch im klaren Widerspruch zur biblischen Sicht des Menschseins.

Wir werden keine Engel sein

Vielleicht noch verbreiteter ist heute die Ansicht, dass Menschen zu Engeln werden, wenn sie gestorben sind. In der populären Engelmythologie sterben Menschen und kommen dann als Engel auf die Erde zurück, entweder um denjenigen, die sie zurückgelassen haben oder anderen, die in ähnlichen Schwierigkeiten stecken, zu helfen.

Nach der Bibel sind die Engel jedoch eine eigene Ordnung von Wesen, die bereits existierten bevor auch nur ein einziger Mensch gestorben war. Wir wissen das, weil einige dieser Engelswesen gegen Gott rebellierten und deren Anführer, der Teufel, Eva versuchte (1. Mose 3).

Wie die Bibel darüber hinaus auch deutlich macht, ist es verstorbenen Menschen, anders als Engeln, grundsätzlich nicht erlaubt, lebende Menschen zu besuchen oder mit ihnen zu kommunizieren. In Jesu Gleichnis von Lazarus und dem reichen Mann wurde die Bitte des Reichen, dass jemand doch seine Brüder besuchen und sie vor dem Gericht warnen sollte, abgelehnt (Lukas 16,19-31). Im Alten Testament wird jede Kommunikation mit den Toten sogar ausdrücklich verboten (3. Mose 19,31; 5. Mose 18,11; Jesaja 8,19).

Es gab eine Gelegenheit, bei der der Geist eines verstorbenen Menschen ganz offensichtlich in der Lage war, mit lebenden Menschen zu kommunizieren. Der biblische Bericht über dieses Ereignis bestätigt jedoch gerade den Punkt, um den es hier geht. Saul, der König der Israeliten, bat ein Medium, den verstorbenen Propheten Samuel von den Toten heraufzuholen, und offensichtlich erschien Samuel dann auch (1. Samuel 28,3-20). Das Medium zeigte sich allerdings erstaunt, als sie Samuel sah (Vers 12), woraus man schließen kann, dass ihre Beschwörung nichts mit Samuels Erscheinen zu tun hatte und dass solche Erscheinungen normalerweise nicht vorkamen (zumindest nicht bei ihr!). Im Übrigen lässt sich festhalten, dass auch in dieser Schriftstelle der Geist des verstorbenen Samuel *nicht* als Engel dargestellt wird.

Wie das Neue Testament klarstellt, gehen Menschen nach ihrem Tod in einen geistigen Zustand über, in dem sie von den Lebenden getrennt sind und auf ihre Auferstehung von den Toten warten. Die Auferstehung ist ein Ereignis, das noch in der Zukunft liegt, bei dem die Toten als menschliche Wesen mit physischen Körpern wieder zum Leben erweckt werden (Johannes 5,28-29; Apostelgeschichte 24,15). Für diejenigen, die bei ihrem Tod mit Gott im Reinen waren, wird diese Auferstehung ihre Erlösung vollenden und sie werden verherrlichte, unsterbliche, unvergängliche Körper für das ewige Leben erhalten (Römer 8,23; 1. Korinther 15,42-57). Somit ist Gottes Plan für uns Menschen nach unserem Tod nicht, dass wir Engel werden, sondern dass wir auf die Auferstehung zu einem unsterblichen, ewigen Leben in verherrlichten, vollkommenen menschlichen Körpern warten.

Hinsichtlich der Unsterblichkeit, die wir besitzen werden, ist es wahr, dass wir in der Auferstehung *wie* die Engel sein werden. Genau diesen Punkt hat auch Jesus einmal angesprochen. Weiter vorne in diesem Buch (Kap. 4) haben wir erwähnt, dass einige Sadduzäer mit Jesus über die Frage einer zukünftigen Auferstehung diskutierten, an die sie nicht glaubten. Ihr Einwand beinhaltete eine weit hergeholte Geschichte von einer Frau, die nacheinander sieben Brüder heiratete, da einer nach dem anderen starb und sie als kinderlose Witwe zurückließ. Die Sadduzäer waren der Ansicht, ein solches Szenario würde in einer möglichen Auferstehung doch ein ziemliches Problem darstellen, denn die Witwe müsste dann als die Ehefrau aller sieben Männer angesehen werden (Lukas 20,27-33). Hier ist, was Jesus darauf antwortete:

> *Die Kinder dieser Welt heiraten und lassen sich heiraten; welche aber gewürdigt werden, jene Welt zu erlangen und die Auferstehung von den Toten, die werden weder heiraten noch sich heiraten lassen. Denn sie können hinfort auch nicht sterben; denn sie sind den Engeln gleich und Gottes Kinder, weil sie Kinder der Auferstehung sind. (Lukas 20,34-36)*

Wir sollten in das, was Jesus hier gesagt hat, nicht zu viel hineinlesen. Ausdrücklich sagt Jesus hier nur, dass Engel nicht heiraten und nicht sterben. Damit will Jesus ganz grundsätzlich auf die Aussage hinaus, dass Engel keinen Lebenszyklus wie wir haben - mit Geburt, Heirat, Fortpflanzung und Tod. Auch die hypothetische siebenfache Witwe würde in der Auferstehung nicht wieder in solch einen Lebenszyklus eintreten, sondern stattdessen Teil einer neuen Welt unsterblicher Menschen werden. Jesus sagt hier jedoch *nicht*, dass Menschen zu Engeln werden. Er sagt vielmehr, dass sie *wie* Engel werden und zwar in den Aspekten, die er genau spezifiziert.[59]

Hierin steckt eine wirklich gute Nachricht. Einerseits scheint es so zu sein, dass in der Auferstehung all das Gute, das Engel haben und das uns derzeit noch fehlt, auch unser sein wird. Wir werden unsterbliche, vollkommene Geschöpfe sein. Wir werden direkten, uneingeschränkten Zugang zu

Gott haben. Unsere Kraft und unsere Erkenntnis werden zweifellos weit über das hinausgehen, was wir in unserem gegenwärtigen, gefallenen Zustand schon erfahren können.

Auf der anderen Seite werden uns bestimmte Aspekte der menschlichen Natur verbleiben, die die meisten von uns als ziemlich schön empfinden. Wir werden uns weiter daran erfreuen, Teil der Natur zu sein, der physischen Welt, in der wir geschaffen wurden. Obwohl wir es als Spezies nicht mehr nötig haben werden, uns fortzupflanzen, haben wir allen Grund anzunehmen, dass wir unsere geschlechtlichen Unterschiede als Männer und Frauen behalten werden, so wie Jesus - der von den Toten auferstand um für uns zur Quelle des Auferstehungslebens zu werden - noch immer ein männliches menschliches Wesen ist (Apostelgeschichte 17,31). Es ist sicherlich nicht übertrieben zu sagen, dass wir das Beste aus beiden Welten bekommen werden, so wie Gott es für uns vorgesehen hat.

> Wir werden das Beste aus beiden Welten haben.

WAHRHEIT:

In der Auferstehung werden wir unsterblich sein, wie die Engel.

MYTHOS:

Wir waren vor unserer Geburt Engel oder werden nach dem Tod zu Engeln werden.

Kapitel 9

Engel können Gott nicht das Wasser reichen

Die wichtigste Tatsache über Engel ist,
dass sie nicht göttlicher Natur sind.

Engel sind faszinierende Geschöpfe. Vom Wesen her und an Kraft sind sie übernatürlich und spielen bei einigen der wichtigsten Ereignisse in der Bibel eine entscheidende Rolle. Hinzu kommt das tiefe Geheimnis, dem wir uns gegenübersehen, wenn wir über sie nachdenken wollen. Das alles gibt ihnen eine enorme Anziehungskraft.

Warum also sollte die Aufmerksamkeit, die Engeln heute zuteil wird, irgendjemand beunruhigen? Einer der Gründe besteht darin, dass die Menschen in den Engeln etwas sehen, das sie nur in Gott sehen sollten; eine Tatsache, die die Engel selbst zweifellos mindestens ebenso beunruhigt wie uns.

Den Engeln einen Platz zuweisen, der nur Gott gebührt

Das, was Karen Goldman in ihrem Buch *Angel Encounters* über ihre eigenen Erfahrungen mit Engeln berichtet, ist ein gutes Beispiel dafür, wie die Faszination für Engel mit einem Menschen durchgehen kann. Goldman lässt uns wissen, dass sie sich in Engel verliebt hat und dass die Engel ihr „ganzes Leben verändert“ haben, indem sie sie aus einer „Zeit schrecklicher Dunkelheit“ herausführten. Sie lernte, ihnen „zu vertrauen“ und bekam neue Gewissheit, dass ihr Leben sehr schön verlaufen würde. Sie wusste als Folge ihrer Begegnungen mit Engeln, dass sie „zutiefst geliebt“ und mit „unendlicher Freundschaft“ gesegnet war. „Die Engel waren sehr liebenswürdig," bestätigt sie. „Mein Herz ist nun lebendig, weil es weiß, es hat Engel."[60]

Goldman spricht hier über Engel in einer Weise, wie sie über Gott sprechen sollte. Gott ist es, dem wir alle vertrauen müssen, von dem wir Gnade empfangen müssen, in dem allein wir unendliche Liebe finden können und der allein uns aus unserer geistigen Dunkelheit herausführen und unsere Herzen wirklich lebendig machen kann.

Die Engel wären die ersten, die jemanden, der sie mit solcher Ehrerbietung und Hoffnung betrachtete, zurechtweisen würden. Als der Apostel Johannes vor einem Engel niederfiel um ihn anzubeten, sagte der Engel: „Tu es nicht! Ich bin dein und deiner Brüder Mitknecht, die das Zeugnis Jesu haben. Bete Gott an!" (Offenbarung 19,10; siehe auch Kap. 22,8-9).

Engeln den ihnen gebührenden Platz zuweisen
Irgendein unbekannter Witzbold[61] stellte einmal fest, dass es zwei fundamentale Gesetze im Leben gibt:

Es gibt einen Gott.
Du bist es nicht.

Vielleicht sollten wir noch ergänzen: „Und die Engel auch nicht." Sie sind, wie wir, grundsätzlich erst einmal *Geschöpfe*. Die Bibel zählt die Engel, zusammen mit dem ganzen physischen Universum, zu Gottes geschaffenen Werken (Nehemia 9,6; Psalm 103,19-22; 148,2-5). Sie sind Gottes „Diener", „dienstbare Geister", die Gott aussendet, um seinen Willen zu tun (Hebräer 1,7.14). Wie wir gesehen haben, wollen sie nicht angebetet werden und wir sollten das auch gar nicht erst versuchen (siehe auch Kolosser 2,18).

Die meisten Autoren, die über Engel schreiben, räumen durchaus ein, dass Engel nicht Gott sind. Dennoch stellen sie die Engel allzu oft mit Gott auf eine Stufe, indem sie ihnen Eigenschaften und Kräfte beimessen, die nur

> Wenn Sie denken, dass Engel wundervoll sind, dann sollten Sie erstmal Gott kennenlernen.

Gott zu eigen sind. Selbst Menschen, deren Ansichten über Engel im Allgemeinen christlich geprägt sind, verfallen gelegentlich diesem Irrtum. Einer dieser Autoren schreibt: „Engel sind in der Lage, die Vergangenheit, die Gegenwart und die Zukunft auf einen Blick zu sehen."[62] Das wäre uns neu! Solche Kenntnis schreibt die Bibel allein Gott zu.

Unglücklicherweise haben geistlich ungesunde Ansichten über Engel im Christentum eine lange Tradition. Viele Theologen und Gemeindeleiter sagen zwar klar und deutlich, Christen sollten die Engel nicht anbeten, ermutigen aber zugleich zu einer religiösen Hinwendung zu den Engeln, die in jedem Fall übertrieben ist. In der katholischen Theologie unterscheidet man zwischen Anbetung, die Gläubige nur Gott allein darbringen dürfen, und Verehrung, die sie auch Maria, den Heiligen und den Engeln zollen dürfen. Diese Unterscheidung erlaubt es Katholiken, enge geistliche Beziehungen zu Engeln zu unterhalten, zu Engeln zu beten, Altäre für Engel zu bauen und den Engeln leidenschaftliche Liebe, Dank und Verehrung entgegenzubringen. Für all das gibt es in der gesamten Bibel kein einziges Beispiel. Dort sind Gebet und andere Ausdrucksformen religiöser Hingabe allein auf Gott beschränkt. Wir werden in Kapitel 15 noch einmal auf diesen Punkt zurückkommen. Noch schlimmer wird es aber dort, wo manche Menschen den Engeln sogar mit mehr Enthusiasmus und Hingabe begegnen als Gott. So interessierte sich zum Beispiel Karen Goldman, bevor sie den Engeln begegnete, kaum für Gott.

> *Lacht Gott über uns? Sind wir vollkommen bedeutungslos? Ist dies alles ein großer, schrecklicher, sadistischer Scherz? ... Ich mochte es nicht, in der Gesellschaft von Menschen zu sein, ich mochte weder das Leben noch mich selbst und ganz bestimmt mochte ich Gott nicht ... Ich hatte das Gefühl, Gott schuldete mir ein Wunder oder zumindest wusste ich, dass ich eines brauchte. Doch selbst wenn ich betete, betete ich zu einem Gott, dem ich nicht länger vertraute.*"[63]

Traurigerweise ist der Gott, den sie angeblich durch die Engel gefunden hat, nicht der Schöpfer und Herr, von dem in der Bibel die Rede ist. Schon bevor sie „die Engel fand" war Goldman sehr stark in der New Age Bewegung engagiert. Sie arbeitete damals für eines der großen New Age Zentren, das Sedona Institute, an dem sie auch eine geistige Übung erlernte, die „Releasing"[64] genannt wird, und die sie schließlich auch dazu einsetzte, um über Engel zu schreiben.[65]

Der „Gott", den Goldman in ihren Werken anpreist, ist im Grunde ein pantheistisches Konzept. Der Pantheismus lehrt, dass alles Gott ist - und daher auch wir selbst Gott oder Teile Gottes sind. Goldman drückt das so aus: „Die Engel sind immer in uns und um uns herum, so wie wir immer in und ein Teil von Gott sind ... Die Verbindung zwischen uns und dem Göttlichen ist nicht wie die zwischen einem Meister und Sklaven, sondern bildet eine integrale Einheit. Wir sind genauso Teil davon, wie Es Teil von uns ist. Wir sind alle aus dem gleichen Stoff gemacht, jeder von uns ein Stück des einen unendlichen Kuchens."[66]

Die Bibel weist den Pantheismus mit Nachdruck zurück. „Im Anfang schuf Gott die Himmel und die Erde" (1. Mose 1,1 SCHL). „Erkennt, dass der Herr Gott ist! Er hat uns erschaffen und wir gehören ihm. Wir sind sein Volk, die Schafe seiner Weide" (Psalm 100,3 NLÜ). „Sie vertauschten die Wahrheit Gottes mit der Lüge, sie beteten das Geschöpf an und verehrten es anstelle des Schöpfers - gepriesen ist er in Ewigkeit. Amen." (Römer 1,25 EÜ).

Den Engeln den ihnen gebührenden Platz zuzuweisen ist somit eng mit der äußerst wichtigen Aufgabe verbunden, *dass auch wir selbst den uns gebührenden Platz einnehmen.* Wenn wir Engel für göttlich halten, dann ist es kein allzu großer Schritt mehr, bis wir auch uns selbst für göttlich halten, und in der Tat gehen diese beiden Vorstellungen oft Hand in Hand. Wenn wir dagegen in den Engeln, wie wundervoll sie auch sein mögen, Wesen erkennen, die nicht göttlich sind, sondern (gemessen an Gott selbst) niedrige Diener und Geschöpfe, dann werden wir auch deutlicher erkennen, dass wir ebenfalls nur Geschöpfe Gottes sind.

Wenn Sie denken, dass Engel wundervoll sind, dann sollten Sie erstmal Gott kennenlernen! Er hat sie schließlich gemacht. Dass sich in unserer Kultur so viele Menschen so intensiv mit Engeln beschäftigen, ist vielleicht der Tatsache geschuldet, dass diese Menschen Gott für fern, unerreichbar und uninteressiert halten. Doch da haben wir gute Neuigkeiten: Gott ist in Wirklichkeit unendlich liebevoll, gnädig und gut und er hat etwas ganz Außerordentliches getan, um unseren Nöten zu begegnen. Die Geschichte von dem, was Gott für uns getan hat, finden wir in der Bibel. Bei unserer Untersuchung über Engel werden wir im weiteren Verlauf des Buches noch auf den einen oder anderen Höhepunkt dieser Geschichte stoßen. Die Engel wollen nichts lieber, als dass Sie diese Geschichte hören.

Wahrheit:

Engel gehören zu den wundervollsten Geschöpfen Gottes.

Mythos:

Engel sind göttliche Wesen oder Wege, um Gott zu erfahren.

Kapitel 10

Wann ist ein Engel gar kein Engel?

Wenn es der Engel des HERRN ist, der geheimnisvolle Fremde des Alten Testaments.

Die vielleicht geheimnisvollste Gestalt in der Bibel ist „der Engel des HERRN", der einige Male im 1. Buch Mose und später an verschiedenen Stellen im restlichen Alten Testament auftaucht. Er wird „der Engel des HERRN" (wörtlich „der Engel Jahwehs" oder „der Engel Jehovas") oder „der Engel Gottes" genannt, doch an manchen Stellen wird dieser Engel auch einfach nur mit „der HERR", „Gott", schlicht „Engel" oder sogar „ein Mann" bezeichnet. Wer also war das? *Was* war er?

Behalten Sie im Sinn, dass die biblischen Wörter, die wir mit „Engel" übersetzen (Heb. *mal'ak*; Gr. *angelos*) „Bote" bedeuten. Sie müssen sich also nicht zwangsläufig auf die geistigen Wesen, die Gott geschaffen hat und die ihm oft als Boten dienen, beziehen. Wo immer Sie also den Ausdruck „der Engel des HERRN" finden, denken Sie daran, dass dies auch mit „der Bote des HERRN" übersetzt werden kann. Und so finden wir gute Gründe anzunehmen, dass diese Person im Grunde gar nicht das war, was wir einen „Engel" nennen würden.

Habe ich gerade Gott gesehen?

Zum ersten Mal wird „der Engel des HERRN" in einem der weniger bekannten Abschnitte im 1. Buch Mose erwähnt. Abram und Sarai (wie sie hießen, bevor sie Abraham und Sarah genannt wurden) waren immer noch kinderlos und Sarai hatte arrangiert, dass Abram ein Kind mit ihrer Magd Hagar zeugen sollte. Wie vorauszusehen war, wurde Sarai, nachdem Hagar schwanger geworden war, eifersüchtig auf sie und misshandelte sie so lange, bis Hagar in die Wüste floh (1. Mose 16,1-6). Dort sprach „der Engel des HERRN" zu Hagar und sagte ihr, sie solle zu ihrer Herrin zurückkehren.

Doch dann sagt er etwas, das aus dem Mund eines Engels ziemlich sonderbar klingt: „Ich will deine Nachkommen so mehren, dass sie der großen Menge wegen nicht gezählt werden können" (1. Mose 16,10). Man würde erwarten, so etwas käme aus dem Mund Gottes und nicht aus dem Mund eines Engels und in der Tat sagt Gott Abraham ja auch später im Grunde das Gleiche über die Nachkommen von Hagars Sohn Ismael (17,20). In seinen nächsten Worten an Hagar spricht „der Engel" über „den HERRN" in der dritten Person: „... der HERR hat dein Elend erhört" (16,11). Doch dann wiederum erfahren wir: „sie nannte den Namen des HERRN, der mit ihr redete: Du bist ein Gott, der mich sieht. Denn sie sprach: Gewiss hab ich hier hinter dem hergesehen, der mich angesehen hat." (16,13). War es also nun der Herr, der mit ihr redete oder ein Engel, der für den Herrn sprach?

Dieses Muster scheinbarer Widersprüche wiederholt sich (durchgängig!) bei allen späteren Gelegenheiten, bei denen „der Engel des HERRN" erscheint. Nachdem Hagars Sohn Ismael geboren war und die beiden gezwungen wurden, zu gehen, „rief der Engel Gottes der Hagar vom Himmel zu", und spricht jetzt *über* Gott: „Gott hat auf die Stimme des Jungen gehört", dann jedoch wieder als wäre er *selbst* Gott: „ich will ihn zu einer großen Nation machen" (1. Mose 21,17-18 ELB). Als Abraham Jahre später auf den Berg hinauf ging, um Isaak zu opfern, „rief ihm der Engel des HERRN vom Himmel her zu" und sagte ihm: „nun habe ich erkannt, dass du Gott fürchtest, da du deinen Sohn, deinen einzigen, *mir* nicht vorenthalten hast" (1. Mose 22,11-12 ELB, Hervorh. d. d. Verfasser).

Ganz ähnlich berichtet Abrahams Enkel Jakob von einem Traum, in dem „der Engel Gottes" zu ihm die Worte sprach, „Ich bin der Gott von Bethel" (1. Mose 31,11.13 ELB). Später kämpfte Jakob bei einem der rätselhafteren Ereignisse, die im 1. Buch Mose berichtet werden, die ganze Nacht mit „einem Mann“, der sich weigerte, Jakob seinen Namen zu nennen. Als der Kampf vorbei war, nannte Jakob diesen Ort Pnuël (was „Angesicht Gottes“ bedeutet) und sagte dazu „ich habe Gott von Angesicht zu Angesicht gesehen“ (1. Mose 32,24-30 ELB). Als Jakob (der danach Israel genannt wurde) dann den Segen über seine Enkel Ephraim und Manasse aussprach, sprach er von einem „Engel“ als wäre er Gott:

> ***Der Gott,*** *vor dem meine Väter Abraham und Isaak gewandelt sind,*
> ***der Gott,*** *der mein Hirte gewesen ist mein Leben lang bis auf diesen Tag,*
> ***der Engel,*** *der mich erlöst hat von allem Übel, der segne die Knaben ...*
> *(1. Mose 48,15-16 Hervorh. d. d. Verfasser)*

Diese rätselhafte Gestalt taucht auch im 2. Buch Mose wieder auf. Bei Moses berühmter Begegnung mit Gott im brennenden Busch war es „der Engel des HERRN“, der aus dem Busch heraus zu ihm sprach, doch was er sagte, wirkte so, als ob Gott selbst spräche: „Ich bin der Gott deines Vaters ... Ich habe das Elend meines Volks in Ägypten gesehen ... Und ich bin herniedergefahren, dass ich sie errette ...“ (2. Mose 3,1-8). Als Mose die Israeliten aus Ägypten herausführte, heißt es dann: „Und der HERR zog vor ihnen her, am Tage in einer Wolkensäule ... und bei Nacht in einer Feuersäule“ (13,21). Diese Manifestation Gottes in Feuer und Wolkensäule wird an anderer Stelle sowohl „der Engel des HERRN“ als auch „der HERR“ genannt (14,19.24). Nachdem die Israeliten den Berg Sinai erreicht und das Gesetz (einschließlich der Zehn Gebote) erhalten hatten, sagte Gott ihnen:

> *Siehe, ich sende einen Engel vor dir her ... sei nicht widerspenstig gegen ihn; denn er wird euer Übertreten nicht vergeben, weil* ***mein Name*** *in ihm ist. Wirst du aber auf* ***seine*** *Stimme hören und alles*

> *tun, was* **ich** *dir sage, so will ich deiner Feinde Feind ... sein ... dem HERRN, eurem Gott, sollt ihr dienen, so wird er dein Brot und dein Wasser segnen, und* **ich** *will alle Krankheit von dir wenden. (2. Mose 23,20-25 Hervorh. d. d. Verfasser)*

Das gleiche Muster finden wir auch in späteren Büchern des Alten Testaments, besonders jedoch im Buch Richter, wo diese schattenhafte Gestalt als „der HERR" oder „Gott", „der Engel des HERRN" oder „Gottes" oder als „ein Mann Gottes" bezeichnet wird (Richter 2,1-4; 6,11-27; 13,3-22).

Vielleicht am verwirrendsten sind die Hinweise auf den Engel des Herrn in Sacharja, einem der letzten Bücher des Alten Testaments. In diesem Buch spricht der Engel des Herrn *zu* dem Herrn: „Da hob der Engel des HERRN an und sprach: ‚HERR Zebaoth ...' " (Sacharja 1,12). Später im selben Buch erscheint noch einmal der Engel des Herrn, diesmal jedoch spricht er, als wäre er selbst der Herr, wobei er zugleich auch den Herrn anruft, den Teufel zu schelten!

> *Und er ließ mich den Hohenpriester Jeschua sehen, wie er vor dem Engel des Herrn stand; der Satan aber stand zu seiner Rechten, um ihn anzuklagen. Da sprach der Herr zum Satan: Der Herr schelte dich, du Satan; ja, der Herr schelte dich, er, der Jerusalem erwählt hat! (Sacharja 3,1-2 SCHL)*

Den geheimnisvollen Fremden identifizieren

Manche Kritiker der Bibel sind auf den Gedanken gekommen, dass es sich bei diesen Texten um Zusammensetzungen handelt, bei denen zwei verschiedene Versionen ein und derselben Geschichte miteinander verwoben wurden. In einer Version war der Herr der Besucher, in der anderen Version war es der Engel des Herrn und in dem zusammengesetzten Text werden die beiden Personen miteinander vermischt. Das Problem der „Austauschbarkeit" des Engels des Herrn mit dem Herrn selbst kann jedoch „nicht gelöst werden, indem man eine ungeschickte Vermischung zweier überlieferter Geschichten annimmt.“[67] Der Grund hierfür liegt darin, dass das gleiche Muster an vielen Stellen in 1. Mose, 2. Mose und Richter - dazu noch gelegentlich in anderen Büchern wie Sacharja - auftritt, mag es auch noch so rätselhaft sein.

Eine überzeugendere Auffassung besagt, dass das Alte Testament stellenweise vom Engel des Herrn spricht als wäre es der Herr selbst, weil dieser Engel als Repräsentant des Herrn auftritt. Einige evangelikale Gelehrte unterstützen diese Interpretation. So erklärt Ben Witherington:

> *Der Engel des Herrn ist genau das: ein Engel. Der Engel des Herrn ist ein spezieller Repräsentant oder Bote Gottes an Gottes Volk und entsprechend den damaligen Gebräuchen der Stellvertretung konnte er als gleichbedeutend mit dem Herrn, der ihn gesandt hat, angesehen werden und musste so behandelt werden, als wäre er selbst derjenige, der ihn gesandt hat.* [68]

Diese Auffassung kann in der Tat manches von dem erklären, was wir in den biblischen Texten finden, jedoch nicht alles. So sagt die Schrift zum Beispiel eindeutig, kein Mensch könne Gott sehen und am Leben bleiben (2. Mose 33,20), dennoch berichten die Menschen, die den Engel des Herrn gesehen haben oft voller Erstaunen, dass sie Gott gesehen haben und trotzdem weiterleben (1. Mose 16,13; 32,30; Richter 6,22-23; 13,22). Die Stellvertreter-Hypothese würde voraussetzen, all diese Menschen hätten sich geirrt, was jedoch nirgendwo im Text angedeutet wird. Jakob schreibt dem „Engel“ zu, dass er ihn von allem Bösen erlöst hat (1. Mose 48,15-16). Sacharja spricht von dem Engel des Herrn, als ob es der Herr selbst wäre, sogar noch, wenn der „Engel“ *zum Herrn* spricht - nicht nur wenn er an Gottes Stelle zu Menschen spricht. Würde die Stellvertreter-Hypothese zutreffen, könnte man außerdem erwarten, dass die Propheten des Alten Testaments, die ja auch an Gottes Stelle sprachen, zumindest gelegentlich ebenfalls so sprechen würden, als wären sie

Gott. Das tun sie aber nicht. Stattdessen leiten sie die Worte Gottes regelmäßig mit Aussagen wie „So spricht der HERR" ein. Irgendwie ist dieser geheimnisvolle Engel also sowohl selbst der Herr als auch sein von ihm unterscheidbarer Bote.

Im Neuen Testament wird dann die Identität dieser göttlichen Gestalt enthüllt: Es ist die Person, die in ihrem menschlichen Leben als Jesus Christus bekannt war. Schon im 2. Jahrhundert haben Christen (wie z. B. Justin der Märtyrer) in dem Engel des Herrn ausdrücklich eine vorgeburtliche Manifestation des Herrn Jesus gesehen.[69] Wie vom Engel des Herrn heißt es auch von Jesus, dass er Gott ist und zugleich von Gott unterschieden und von ihm gesandt. Johannes nennt ihn „das Wort" (griech. *logos*) und beginnt sein Evangelium mit der Aussage: „Im Anfang war das Wort, und das Wort war bei Gott, und Gott war das Wort" (Johannes 1,1).

Einige religiöse Gruppierungen, die die oben gemachte Aussage widersprüchlich oder verwirrend finden, haben versucht die Theologie des Johannes leichter fassbar zu machen, indem sie die Übersetzung ein wenig „korrigierten". Die Zeugen Jehovas zum Beispiel verändern die letzte Aussage dieses Verses in ihrer Neue Welt Übersetzung zu „und das Wort war *ein Gott.*" Doch Johannes war auch nicht verwirrter als die Schreiber des Alten Testaments, die über den Engel des Herrn geschrieben haben. Jesus war und ist auf eine geheimnisvolle Weise Gott und doch von Gott unterschieden. „Niemand hat Gott je gesehen. Doch sein einziger Sohn, der selbst Gott ist, ist dem Herzen des Vaters ganz nahe; er hat uns von ihm erzählt" (Johannes 1,18 NLÜ).

Der Bibellehrer Duane Garrett hat zudem im Neuen Testament noch einen weiteren Hinweis gefunden, der darauf hindeutet, dass der mysteriöse Engel gleichbedeutend ist mit dem Herrn Jesus Christus. So wird der Begriff „Engel des Herrn" auch im Neuen Testament an verschiedenen Stellen verwendet (Matthäus 1,20.24; 2,13.19; 28,2; Lukas 1,11; 2,9; Apostelgeschichte 5,19; 8,26; 12,7.23). Doch keine dieser Erwähnungen eines „Engel des Herrn", stellt Garrett fest, enthält irgendeine Andeutung, dass dieser Engel göttlicher Natur sei; der Engel in diesen Stellen bezeichnet sich selbst nie als Gott.

> *Wenn es im Alten Testament für einen Engel angemessen war, sich so zu verhalten, warum dann nicht im Neuen Testament? Die vernünftigste Erklärung scheint mir zu sein, dass es im Alten Testament allein der Logos war - und nicht die Engel - der die Identität Gottes annahm. Nachdem der Logos jedoch in der Person Jesus Christus verkörpert wurde, erschien er den Menschen nicht mehr in Gestalt eines Engels, sondern als der auferstandene Christus.*[70]

Vieles deutet also darauf hin, dass der Engel des Herrn im Alten Testament niemand anderes war als der Sohn Gottes, der in sichtbarer Gestalt auf die Erde kam, ehe er zu dem körperlichen, menschlichen Wesen wurde, das wir als Jesus kennen. Diese geheimnisvollen Begegnungen mit dem Engel des Herrn waren Vorläufer des Erscheinens von Jesus Christus und eine Vorausschattung jenes Tages, an dem Gott menschliche Gestalt annehmen würde.

Wahrheit:

Der Engel des Herrn war Jesus, bevor er als Mensch auf die Erde kam.

Mythos:

Der Engel des Herrn war nur ein Engel, der im Namen Gottes sprach.

Kapitel 11

Da kommt Jesus – oder ist das Michael?

Jesus Christus ist nicht der oberste der Engel, sondern derjenige, den die Engel anbeten.

Wie wir im vorangegangenen Kapitel gesehen haben, war „der Engel des HERRN" kein geschaffener Engel, sondern Gott, der Herr, selbst. Im Neuen Testament kennen wir ihn als Jesus Christus. Einige religiöse Gruppen – am bekanntesten darunter die Zeugen Jehovas – glauben jedoch, dass Jesus nicht wirklich Gott war, sondern lediglich der Größte unter den Engeln, von Gott geschaffen, um über den Rest der Schöpfung zu herrschen. Ganz konkret lehren sie, dass Jesus identisch war mit dem Erzengel Michael. Ist das wahr?

Nein! Es gibt zwei ganz einfache Gründe, warum Jesus nicht mit dem Erzengel Michael identisch sein kann: Michael steht niedriger als Jesus und Jesus ist weit mehr als ein Erzengel.

Michael ist nicht Jesus

Der Engel Michael wird in der Bibel nur fünf Mal erwähnt. Zum ersten Mal begegnen wir ihm in Daniel 10,13, wo ein anderer Engel Daniel mitteilt, dass „Michael, einer der Ersten unter den Engelfürsten", ihm in einem Konflikt mit „dem Engelfürsten des Königreichs Persien" zu Hilfe kam. Die Bezeichnung „einer der Ersten unter den Engelfürsten" macht deutlich, dass Michael in der Hierarchie der Engel sehr weit oben stand, doch heißt es gerade nicht, er war der ausschließliche Herrscher über die anderen Engel. Weiter bezeichnete der Engel, der mit Daniel sprach, Michael als „euren Engelfürsten“, also als den Engelfürsten von Israel (Daniel 10,21). So erfährt Daniel gegen Ende des Buches: „Zu jener Zeit wird Michael, der große Engelfürst, der für dein Volk eintritt, sich aufmachen“ (12,1). Michael war also ein Engel, dessen besondere Aufgabe darin bestand, Israel vor geistigen Angriffen zu schützen. Im Brief des Judas lesen wir: „Michael aber, der Erzengel, wagte nicht, als er mit dem Teufel stritt und Wortwechsel um den Leib Moses hatte, ein lästerndes Urteil zu fällen, sondern sprach: Der Herr schelte dich!“ (Judas 9 ELB). Michaels Zurückhaltung, ein Urteil über den Teufel zu fällen, weist darauf hin, dass er nicht höher gestellt war als der Teufel. Jesus hingegen war und ist ganz eindeutig höher gestellt als der Teufel (z. B. Matthäus 28,19; Epheser 1,20-21; Kolosser 1,16-17). In einer der Visionen des Johannes im Buch der Offenbarung heißt es: „Michael und seine Engel kämpften gegen den Drachen (den Teufel) ... und seine Engel“, mit dem Ergebnis, dass der Drache und seine Engel aus dem Himmel auf die Erde geworfen wurden (Offenbarung 12,7-9). Einige vertreten die Ansicht, Michaels Rolle im Kampf gegen den Teufel zeige, dass er tatsächlich Jesus ist. Dabei wird Jesus doch in genau derselben Vision als „ein Sohn, ein männliches Kind, der alle Nationen hüten soll mit eisernem Stab“ gezeigt (Vers 5). Michaels Rolle hier ist grundsätzlich die gleiche wie im Buch Daniel: Er kämpft gegen die geistigen Mächte, die Gottes Volk bedrohen.

Jesus: mehr als ein Erzengel

Diejenigen, die dafür eintreten, dass Jesus ein Erzengel ist, zitieren oft 1. Thessalonicher 4,16: „Denn der Herr selbst wird beim Befehlsruf, bei der Stimme eines Erzengels und bei dem Schall der Posaune Gottes herabkommen vom Himmel“ (ELB). Das wäre doch eine sonderbare Formulierung, wenn Jesus selbst ein Erzengel wäre. Mit was für einer Stimme sollte er denn dann sonst sprechen? Paulus meint hier nicht, die Stimme eines Erzengels wäre die Stimme von Jesus, sondern ein Erzengel werde es verkünden, wenn Jesus zurückkommt.

Der wichtigste Grund jedoch, warum Michael und Jesus nicht ein und dieselbe Person sein können, besteht darin, dass Jesus weit mehr ist als ein Erzengel; er ist Gott.[71] Der Hebräerbrief bestätigt in eindeutigen Worten, dass Jesus Gottes Sohn ist, der Herr, den alle Engel anbeten (Hebräer 1,4-6), nicht einer der Engel. In der Tat nennt die Bibel Jesus ja auch an keiner Stelle „Michael", jedoch an zahlreichen Stellen „Gott" (Jesaja 9,6; Johannes 1,1.18; 20,28; Apostelgeschichte 20,28; Römer 9,5; Titus 2,13; Hebräer 1,8; 2. Petrus 1,1). Dennoch beharren manche Menschen darauf, Jesus sei Michael und nicht Gott!

Das Neue Testament lehrt uns auf verschiedene Weise, Jesus als Gott anzusehen, nicht nur, indem es ihn einfach „Gott" nennt. Es bezeichnet ihn an anderen Stellen als „Herr" und zwar in Zusammenhängen, wo dieser Titel für den göttlichen Namen Jahwe (oder Jehova) steht, der im Alten Testament mit „Herr" übersetzt wird. So sagt zum Beispiel der Apostel Paulus in Römer 10,9-12, dass jeder, der bekennt, dass Jesus „der Herr" ist, gerettet wird, da er der selbe „Herr" ist für Juden und Nicht-Juden, reich jeden zu retten, der ihn anruft. Paulus stützt seine Aussage dann mit einem Zitat aus Joel 3,5: „denn jeder, der den Namen des Herrn anrufen wird, wird gerettet werden" (Römer 10,13). Doch im hebräischen Text von Joel 3,5 ist es der „Name Jahwes" den die Menschen anrufen sollen. In dieser Weise nennt das Neue Testament Jesus an verschiedenen Stellen „Herr" (z. B. Philipper 2,9-11 [vgl. Jesaja 45,23]; 1. Petrus 2,3-8 [vgl. Psalm 34,9]; 1. Petrus 3,14-15 [vgl. Jesaja 8,12-13]).

> Die Bibel nennt Jesus niemals „Michael", allerdings nennt sie Jesus verschiedene Male „Gott". Dennoch behaupten manche Leute, Jesus sei Michael und nicht Gott.

Daneben belegt das Neue Testament Jesus auch noch mit anderen Titeln, die seine Göttlichkeit anzeigen. Darunter Titel, die an anderen Stellen ausschließlich für Gott verwendet werden, so wie „der Erste und der Letzte" (Offenbarung 1,17; 22,13; vgl. Jesaja 44,6) und „König der Könige und Herr der

Herren" (Offenbarung 17,14; 19,16; vgl. 1. Timotheus 6,15). Außerdem erhält Jesus Titel, die in ihrer letztendlichen, geistlichen Bedeutung nur Gott zustehen, für Jesus jedoch in gleicher Weise gebraucht werden. So ist Jesus zum Beispiel der Retter (Lukas 2,11; Johannes 4,42; Titus 2,13; 1. Johannes 4,14; vgl. auch Jesaja 43,11; 45,21-22; 1. Timotheus 4,10), der Hirte (Johannes 10,11; Hebräer 13,20; vgl. auch Psalm 23,1; Jesaja 40,11) und der Fels (1. Korinther 10,4; vgl. Jesaja 44,8).

Darüber hinaus hat Jesus charakteristische Eigenschaften, die ihn als Gott ausweisen. Wir lesen, dass Jesus die Natur Gottes hatte (Philipper 2,6; Kolosser 2,9; Hebräer 1,3). Wie Gott selbst ist er ewig, ohne Anfang und ohne Ende des Lebens (Johannes 1,1; 8,58; 17,5; Kolosser 1,17; Hebräer 1,2; 7,3). Wie Gott selbst ist er allgegenwärtig bzw. existiert überall zur gleichen Zeit (Matthäus 18,20; 28,20; Johannes 3,13; Epheser 1,23; 4,10; Kolosser 3,11). Wie Gott selbst ist er allwissend (Johannes 16,30) und unveränderlich in seinem Wesen (Hebräer 1,11-12).

Gott ist, was Gott tut, könnte man sagen, und Jesus tut genau das, was Gott tut. In der Tat sagte Jesus ja bei einer Gelegenheit, dass er als Sohn *nur* das tun kann, was der Vater tut, und dass er *alles*, was der Vater tat, *genauso* tat, wie der Vater (Johannes 5,19). Das Neue Testament lehrt, dass Jesus, der Sohn, das Werk der Schöpfung vollbrachte (Hebräer 1,10). Wie Paulus sagt, wurde alles in ihm, durch ihn und für ihn geschaffen, und hält er das Universum zusammen (Kolosser 1,16; siehe auch Hebräer 1,3). Zudem nahm Jesus für sich in Anspruch, Sünden zu vergeben, (Markus 2,1-12) und die Welt zu richten (Matthäus 25,31-46; Johannes 5,20-30), Dinge die grundsätzlich Gott selbst vorbehalten sind. Auch vom praktischen Standpunkt lehrt uns das Neue Testament, Jesus so zu sehen und so zu behandeln wie Gott. So werden wir aufgefordert, „alle den Sohn (zu) ehren, wie sie den Vater ehren" (Johannes 5,23). Wir werden ermuntert, zu Jesus zu beten (Johannes 14,14; 1. Korinther 1,2; 2. Korinther 12,8-10), Jesus anzubeten, wie es auch die Engel tun (Matthäus 28,17; Hebräer 1,6), Jesus zu vertrauen, wie wir Gott vertrauen (Johannes 14,1) und ihm die Ehre und das Lob entgegenzubringen, die Gott zustehen (2. Timotheus 4,18; 2. Petrus 3,18; Offenbarung 5,13).

Jesus und Michael sind nicht identisch

Insgesamt grenzt die Art und Weise, wie Jesus Christus in der Bibel dargestellt wird, ihn klar von Michael ab. Wie man fairerweise hinzufügen muss, haben einige Christen in der Vergangenheit Jesus in einer Weise mit Michael identifiziert, die nicht bestreitet, dass Jesus Gott ist. Sie argumentierten, Michael sei lediglich einer der Namen des Sohnes Gottes vor seiner Geburt als Mensch gewesen. Weiter regten sie an, der Titel Erzengel bedeute nicht, Michael *sei* ein Engel, sondern er weise ihn als den Herrscher *über* alle Engel aus. Doch auch diese Theorie ist, obgleich sie Jesus nicht von seiner Göttlichkeit zu einem Geschöpf herabstuft, mit allergrößter Wahrscheinlichkeit falsch. Wie wir nämlich gesehen haben, wird Michael im Buch Daniel als „einer der Ersten unter den Engelfürsten" bezeichnet (Daniel 10,13), was bedeutet, dass er einer unter mehreren Wesen ist, die ihm ähnlich sind.

Darüber hinaus bezeichnet das Wort „Erzengel" ganz klar einen leitenden oder herrschenden Engel[72] und wurde im jüdischen Sprachgebrauch auch durchweg so verstanden. Auch wird die Verwendung des Titels „Erzengel" nirgendwo in der Bibel auf Michael allein beschränkt. In Judas 9 heißt es „Michael, der Erzengel", doch der bestimmte Artikel an dieser Stelle macht Michael noch nicht zum einzigen Erzengel. Es verhält sich hier ähnlich, wie bei den Ausdrücken „Jesaja, der Prophet" oder „der Engel Gabriel".[73] Insofern scheint es uns angebracht, auch diese Theorie zurückzuweisen. Michael ist ein Anführer unter den Engeln und nicht der Herr der Engel.

Wahrheit:

Michael ist einer der mächtigsten und wichtigsten Engel.

Mythos:

Michael ist ein anderer Name für Jesus.

Kapitel 12

Wie heißt der Engel? oder Fang den Seraph

Engel haben viele Namen und tun viele verschiedene Dinge, aber wir wissen nichts über ihre Rangordnung.

Etwa vier Jahrhunderte nachdem Paulus den kultivierten und gebildeten Menschen von Athen das Evangelium verkündet und es vor ihnen verteidigt hatte, schrieb ein unbekannter Autor mehrere Bücher unter dem Namen Dionysius - einem der Männer, die sich durch Paulus in Athen bekehrt hatten (Apostelgeschichte 17,34). Dionysius war ein „Areopagit", ein Mitglied des Areopag, einer Art Stadtratsversammlung, die nach dem Hügel, auf dem sich seine Mitglieder trafen, benannt war. Erst in jüngerer Zeit wurden sich die Gelehrten darüber einig, dass das Pseudonym Dionysius nicht der wahre Name des Autors dieser Bücher war.

Eines der Bücher des Pseudo-Dionysius, wie die moderne Wissenschaft ihn jetzt nennt, war ein Werk mit dem Titel *Die himmlische Hierarchie*. Dieses Buch, welches das erste war, das sich ausschließlich mit der Lehre von den Engeln befasste, war so bedeutend, das einige Theologen des Mittelalters, wie Hugo von Sankt Viktor (1096-1141), sogar Kommentare dazu schrieben. Da man dachte, der Autor wäre ein Mann, der sich durch die Predigt des Paulus bekehrt hatte, rangierte das Buch in der Wertschätzung gleich hinter dem Neuen Testament und weil es das Thema Engel weit umfangreicher behandelte, wurde es *die* Quelle der mittelalterlichen Angelologie.

Je höher die Hierarchie, desto höher der Engel

Nach Pseudo-Dionysius sind die Engelgeister im Himmel nach einem ausgefeilten hierarchischen System organisiert. In einer Hierarchie ist es so, dass man über die Untergebenen herrscht und sich den Höherstehenden unterstellt. Somit ist eine Hierarchie eine Art Befehlskette, wie beim Militär. Im Europa des Mittelalters sah man Hierarchien im Allgemeinen als das geeignetste Mittel an, komplexe Gesellschaften zu organisieren. So war das Römische Reich vor seinem Niedergang eine Hierarchie. Auch die Kirche hatte eine hierarchische Struktur entwickelt, bei der Christus an der Spitze stand, dann der Bischof von Rom (aus dem später der Papst wurde), dann die Bischöfe, die dem Papst unterstanden, die Ältesten und Priester (d. h. Leiter von Ortsgemeinden), die den Bischöfen unterstanden, und schließlich die restlichen Mitglieder der Kirche unter den Priestern.

Dass eine wohl geordnete Gesellschaft zwangsläufig eine Hierarchie sein musste, war für die Christen des Mittelalters weniger eine Lehre als eine intuitive Annahme und Grundvoraussetzung. Da der Himmel die ideal organisierte Gesellschaft sein musste, schien es für mittelalterliche Theologen offensichtlich, dass auch der Himmel in einer vollkommenen Hierarchie organisiert war.

In *Die himmlische Hierarchie* behauptet der Autor, dass es neun Ordnungen von Engelwesen gibt, die in Dreiergruppen innerhalb dreier Hierarchien organisiert sind.

Erste Hierarchie	Seraphim Cherubim Throne
Zweite Hierarchie	Herrschaften Kräfte Gewalten
Dritte Hierarchie	Fürsten Erzengel Engel

Je weiter oben sich die Wesen in dieser Ordnung befinden, desto näher sind sie bei Gott. Die Wesen auf den obersten beiden Stufen der Leiter sind die Seraphim und die Cherubim (Diese Wörter sind die Pluralformen von *Seraph* und *Cherub*. Im Hebräischen werden die Pluralformen maskuliner Substantive normalerweise gebildet, indem man das Suffix *-im* anhängt.) Die Wesen auf der untersten Stufe sind diejenigen, die man gemeinhin einfach Engel nennt.

Es scheint, dass Pseudo-Dionysius der erste war, der dieses neunstufige System der Angelologie entwickelte. Doch ungefähr ein Jahrhundert später erstellte Gregor der Große (540-604) ein fast identisches System und von da an stellten die Theologen in Europa dieses System für die nächsten etwa achthundert Jahre kaum noch infrage. Da einige Autoren unserer Tage, die über Engel schreiben, immer noch davon ausgehen, dass diese Klassifikation der Engel grundsätzlich zutreffend ist[74], sollten wir sie einmal mit der Bibel vergleichen.

Worte, die die Bibel für himmlische Wesen gebraucht

Die Namen dieser neun Ordnungen von Engelwesen sind unmittelbar aus der Bibel entnommen. So findet sich zum Beispiel das Wort „Engel" natürlich häufig in der Bibel. Fünf dieser Begriffe stammen aus sich überschneidenden Listen geistiger Mächte in den Schriften des Paulus (Epheser 1,21; Kolosser 1,16). Weiter unten haben wir eine Tabelle eingefügt, in der aufgelistet ist, wie und wo die verschiedenen Wörter zur Beschreibung geistiger Mächte in der Bibel verwendet werden.

Jedes der in der Engelrangfolge genannten Wörter ist in der Bibel zu finden, dennoch spricht erstaunlich vieles gegen die Annahme, diese Wörter bildeten neun Ordnungen von Himmelswesen.

Ein großes Problem dieses mittelalterlichen Systems besteht darin, dass es keine Bibelstelle gibt, die diese neunfache Ordnung – sei es in allgemeiner Form oder als Auflistung – so darstellt. Jeweils vier dieser Wörter finden sich in Epheser 1,21 bzw. in Kolosser 1,16 (wobei drei der Wörter in beiden Versen zu finden sind).[75] Aber das ist auch schon alles. Nach Gregor dem Großen und vielen, die nach ihm kamen, bezeichnen im Gleichnis von der verlorenen Münze (Lukas 15,8-10) die neun Münzen, die nicht verloren gegangen sind, die neun Ordnungen der Engel und die zehnte, verlorene, Münze steht für die menschliche Rasse.[76] Wenn das jedoch alles ist, was man von der Bibel her dazu sagen kann, dann ist das wahrhaftig nicht viel.

Name	Bibelstellen
Seraphim	Jesaja 6,2.6
Cherubim	1. Mose 3,24; 2. Mose 25,18-22; 26,1.31; 36,35; 37,7-9; 4. Mose 7,89; 1. Samuel 4,4; 2. Samuel 6,2; 22,11; 1. Könige 6,23-25; 7,29.36; 8,6-7; 2. Könige 19,15; 1. Chronik 13,6; 28,18; 2. Chronik 3,7-14; 5,7-8; Psalm 18,10; 80,1; 99,1; Jesaja 37,16; Hesekiel 9,3; 10,1-9; 15-20; 11,22; 28,14.16; 41,18-20.25; Hebräer 9,5
Throne	Kolosser 1,16
Herrschaften	Epheser 1,21; Kolosser 1,16 (kuriotētes, vgl. 2. Petrus 2,10; Judas 8)
Kräfte (Mächte)	Epheser 1,21 (dynameis, vgl. Römer 8,38; 1. Korinther 15,24; 1. Petrus 3,22)
Gewalten	Epheser 1,21; 3,10; Kolosser 1,16 (exousiai, vgl. 1. Korinther 15,24; Epheser 2,2; 6,12; Kolosser 1,13; 2,10.15; 1. Petrus 3,22)
Fürsten(tümer)	Epheser 1,21; 3,10; Kolosser 1,16 (archai, vgl. Römer 8,38; 1. Korinther 15,24; Epheser 6,12; Kolosser 2,10.15, siehe auch Judas 6)
Erzengel	1. Thessalonicher 4,16; Judas 9

Name	Bibelstellen
Engel	Mehr als 200-mal im Alten Testament, etwa 40-mal in den Apokryphen. Über 60-mal in den Evangelien und der Apostelgeschichte, 19-mal in den Briefen und 50-mal in der Offenbarung.

Ein zweites und ziemlich schwerwiegendes Problem der Theorie, diese neun Begriffe bezögen sich auf neun Ordnungen himmlischer Engel, besteht darin, dass sich zumindest einige dieser Begriffe in den Briefen des Paulus auf gefallene oder böse Geister beziehen. „Denn wir haben nicht gegen Menschen aus Fleisch und Blut zu kämpfen, sondern gegen die Fürsten (*archas*) und Gewalten (*exousias*), gegen die Beherrscher dieser finsteren Welt, gegen die bösen Geister des himmlischen Bereichs" (Epheser 6,12 EÜ, siehe auch 1. Korinther 15,24; Epheser 2,2; Kolosser 1,13; 2,15). Drei der fünf Begriffe, die wir nur in den Briefen des Paulus finden, beziehen sich stellenweise auf böse Geister (siehe Kapitel 19).

Andere Probleme, die wir mit dieser mittelalterlichen Klassifikation haben, rühren von den Beschreibungen her, die die Theologen des Mittelalters für jede der Ordnungen geben. So klassifizierte Pseudo-Dionysius die Seraphim als die höchste Ordnung der Engelwesen und schloss, dass die Seraphim als Wesen, die in besonderer Weise der Liebe Gottes hingegeben sind, niemals Gottes Gegenwart verlassen. In Jesaja 6,6-7 erfahren wir jedoch, dass einer der Seraphim zu Jesaja geflogen kam. Statt angesichts dieses biblischen Belegs seine hierarchische Klassifikation aufzugeben oder zu verändern, argumentierte Pseudo-Dionysius, dass der fragliche Engel in Wirklichkeit kein Seraph war, sondern nur ein Engel, der im Auftrag eines Seraphs handelte. Bonaventura und viele andere mittelalterliche Theologen akzeptierten diese Erklärung. Wie Keck ausführt: „die Verlegenheit über diese offensichtliche Schwachstelle im Dionysischen System zeigt sowohl die Anfälligkeit des Systems als auch die Entschlossenheit der Angelologen, die versuchten, das System beisammen zu halten."[77]

Was die Seraphim und Cherubim angeht, so sind dies wahrscheinlich zwei verschiedene Bezeichnungen für die selbe Art von Engeln. Das Wort „Seraphim" finden wir nur in Jesajas Vision von Gott in Jesaja 6. Der Beschreibung nach haben sie sechs Flügel, sind vor Gottes Thron, haben brennende Kohlen zur Hand und rufen: „Heilig, heilig, heilig ist der HERR der Heerscharen!" (Jesaja 6,3 ELB). In der Vision, die Hesekiel von Gott hatte, sah der Prophet vier Cherubim, die jeweils vier Flügel hatten, vor Gottes Thron waren und brennende Kohlen zur Hand hatten (Hesekiel 1,1-6.13.22-28; 10,1-7). (Nebenbei kann man hier anmerken, dass diese Cherubim offenbar nichts mit den süßen, dicken Babys gemeinsam haben, die man in der Kunst der Renaissance findet!) Johannes' Vision von Gott auf dem Thron kombiniert Elemente aus den Visionen von Jesaja und Hesekiel, seine „vier lebendigen Wesen" haben sechs Flügel und rufen „Heilig, heilig, heilig ist Gott der Herr, der Allmächtige" (Offenbarung 4,2-8).

Augustinus

All diese Fragen mögen diejenigen beantworten, die es können, vorausgesetzt, daß sie auch imstande sind, für ihre Behauptungen einen Beweis zu bringen. Ich für meine Person muß schon gestehen, daß ich darüber nichts weiß... Denn was hat es schließlich für einen Wert, dieses oder jenes zu behaupten oder zu verneinen oder mit einem Aufwand von Scharfsinn auseinanderzusetzen, wenn es keinen Schaden bedeutet, davon nichts zu wissen.[78]

Angesichts der Schwierigkeiten mit dem neunfältigen System zur Klassifikation der Engel wäre es besser gewesen, wenn die Theologen des Mittelalters dem Rat des Augustinus gefolgt wären und ihre „Unwissenheit" in diesen Fragen eingestanden hätten. Alles, was wir mit Sicherheit wissen, ist, dass Jesus Christus der Schöpfer und Herr der Engel ist, dass Michael der Anführer einer bestimmten Anzahl von Engeln oder auch aller guten Engel ist, und dass Engel dem Willen Gottes entsprechend verschiedene Funktionen erfüllen.

Wahrheit:

Es gibt verschiedene Arten von Engeln, die verschiedene Dinge tun.

Mythos:

Wir können Engel in Ordnungen oder Hierarchiestufen einteilen.

TEIL 3

Was Engel tun

Kapitel 13

Der Leibwächter

Engel können uns vor Schaden bewahren,
aber wir haben keine Schutzengel, die speziell für uns abgestellt sind.

Das verbreitete Interesse an Engeln rankt sich in erster Linie um die Vorstellung, dass es Schutzengel gibt. Zahllose Geschichten über Begegnungen mit Engeln spiegeln den Glauben wider, dass es Engel gibt, deren „Job" es ist, uns vor Schaden zu bewahren.

In vielen Religionen gibt es eine irgendwie geartete Vorstellung von Schutzgeistern oder -engeln und auch im Christentum hat diese Vorstellung eine lange Tradition. Einer der frühesten christlichen Denker, von dem überliefert ist, dass er den Glauben an Schutzengel unterstützte, war Origines, ein Theologe des 3. Jahrhunderts. Ein Jahrhundert später machte Chrysosthomos, ein hoch angesehener Prediger der damaligen Zeit, diesen Glauben populär und seitdem Thomas von Aquin im 13. Jahrhundert eine formelle Lehre über Schutzengel entwickelte, gilt diese Vorstellung unter Katholiken als akzeptiert.

Einige christliche Theologen, unter ihnen besonders Gregor von Nyssa im 4. Jahrhundert, lehrten, dass jeder Mensch einen guten Engel hat, der ihm von Gott zugeteilt wurde und einen bösen Engel, der ihm von Satan zugeteilt wurde. Diese Vorstellung hat sich bis heute im Volksmund gehalten, wenn auch mehr als humorvolles Bild (der gute Engel und der Dämon zu beiden Seiten einer Person flüstern ihr ins Ohr), denn als ernsthafte Überzeugung.

Im 16. Jahrhundert wandte Johannes Calvin ein, die Schrift unterstütze die Vorstellung persönlicher Schutzengel nicht eindeutig. Seitdem sind ihm viele Protestanten, wenn auch bei weitem nicht alle, darin gefolgt, den Gedanken an Schutzengel mit einigem Misstrauen zu betrachten.

Gibt es also Schutzengel? Um diese Frage zu beantworten, müssen wir zunächst einmal die Begriffe klären. Zweifellos lehrt die Bibel, dass Engel Menschen vor Schaden bewahren können und auch übernatürlich eingreifen, um Menschen aus Gefahr zu retten. *Darüber* gibt es keinen Zweifel. Die Frage ist vielmehr, ob Gott jedem Menschen einen Engel zuordnet, dessen ständige Aufgabe es ist, diesen Menschen vor Schaden zu bewahren. Die *Encyclopedia of Angels* definiert einen Schutzengel als „Engel, der einem Menschen von der Geburt bis zum Tod zugewiesen ist und ihm ständig Schutz, Führung und Gemeinschaft gewährt."[79] Diesen unsichtbaren Leibwächter meinen Menschen normalerweise, wenn sie von „Schutzengeln" sprechen. In diesem Kapitel werden wir uns die Schriftstellen ansehen, die Menschen, die an Schutzengel glauben, in der Regel zitieren, um ihre Vorstellung zu stützen. Wir wollen sehen, ob sie einer eingehenden Prüfung standhalten.

Hast du 'nen Engel?

In 1. Mose 48,16 sprach Jakob (der nun Israel hieß) von dem „Engel, der mich erlöst hat von allem Übel". Es überrascht nicht, dass manche Menschen daraus schließen, Israel spräche hier von seinem Schutzengel. Wie wir jedoch in Kapitel 10 gesehen haben, war dieser „Engel" die geheimnisvolle Gestalt, die wir als „Engel des Herrn" kennen, bzw. Jesus Christus, der Menschen erscheint, bevor er als Mensch auf die Erde kam. Schauen wir uns diese Stelle noch einmal genau an:

> ***Der Gott,*** *vor dem meine Väter Abraham und Isaak gewandelt sind,*
> ***der Gott,*** *der mein Hirte gewesen ist mein Leben lang bis auf diesen Tag,*
> ***der Engel,*** *der mich erlöst hat von allem Übel,*
> *der segne die Knaben ...*
> *(1. Mose 48,15-16-Hervorh. v. Verfasser)*

Die ersten beiden Zeilen sprechen vom Gott Israels und die dritte Zeile bildet eine Parallele zu diesen Zeilen. Alle drei Zeilen sprechen von dem Einen, an den Israel die Bitte richtet, die beiden Knaben Ephraim und Manasse zu segnen. Das Verb „segnen" steht hier im Singular, woraus hervorgeht, dass es nur Einer ist, an den sich Israel für den Segen wendet. Daher muss dieser „Engel" Gott sein und kein Schutzengel.

Psalm 91,11 ist eine sehr beliebte Bibelstelle, wenn Menschen vom Schutz durch die Engel sprechen: „Denn er wird seinen Engeln deinetwegen Befehl geben, dass sie dich behüten auf allen deinen Wegen." (SCHL). Mit dieser Stelle werden wir uns im folgenden Kapitel noch ausführlich auseinandersetzen. Hier soll es ausreichen, anzumerken, dass es auch an dieser Stelle nicht um Schutzengel in dem Sinne geht, wie wir es weiter oben definiert haben. 1.) Diese Engel beschützen auf Gottes ausdrücklichen Befehl hin. Der Psalmist sagt, dass Gott den Engeln befehlen wird „dass sie dich behüten" und nicht, dass Gott Engel ständig dafür abgestellt hat, Menschen zu beschützen. 2.) Der Psalmist richtet sich hier an einen Einzelnen und diesem Einzelnen wird Schutz durch eine unbestimmte Anzahl von „Engeln" (jedenfalls aber mehreren) zugesagt. Somit passt diese Aussage nicht in das Modell, das von einem einzigen Engel ausgeht, der ständig einen einzigen Menschen beschützt.

Katholiken verweisen oft auf das Buch Tobit, um die Vorstellung von Schutzengeln zu untermauern. Tobit gehört zu einer Gruppe von Büchern, die von Katholiken als Teil des Alten Testaments angesehen wird, während Protestanten diese Zuordnung nicht teilen. Diese Bücher, die man unter dem Namen Apokryphen (verborgene Bücher) kennt, sind nicht Teil der jüdischen Bibel.[80] In Tobit begleitet ein Erzengel namens Raphael einen Mann namens Tobit auf einer Reise und offenbart seine wahre Identität erst am Ende der Geschichte. (In den unstrittigen Büchern des Alten Testaments taucht der Name Raphael an keiner Stelle auf.) Doch selbst wenn es keine unterschiedlichen Auffassungen darüber gäbe, ob das Buch Tobit zur Bibel gehört, würde Raphael nicht in das Muster eines Schutzengels passen. Er begleitet

Tobit als ein sichtbarer Begleiter für einen begrenzten Zeitraum und nicht als unsichtbarer Begleiter durch das ganze Leben.

Die beliebtesten Belegstellen für Schutzengel finden sich jedoch im Neuen Testament. In Matthäus 18,10 spricht Jesus im Hinblick auf Kinder von deren „Engeln im Himmel". Viele Menschen denken, die Tatsache, dass Jesus diese Wesen „ihre Engel" nennt, bedeute, dass Gott diese Engel jeweils einem spezifischen Kind zugeteilt hat. Hören wir was Jesus gesagt hat:

> *Wahrlich, ich sage euch, wenn ihr nicht umkehrt und werdet wie die Kinder, so werdet ihr keinesfalls in das Reich der Himmel hineinkommen. Darum, wenn jemand sich selbst erniedrigen wird wie dieses Kind, der ist der Größte im Reich der Himmel; und wenn jemand ein solches Kind aufnehmen wird in meinem Namen, nimmt er mich auf. Wenn aber jemand einem dieser Kleinen, die an mich glauben, Anstoß gibt, für den wäre es besser, dass ein Mühlstein an seinen Hals gehängt und er in die Tiefe des Meeres versenkt würde. ...*
>
> *Seht zu, dass ihr nicht eines dieser Kleinen verachtet! Denn ich sage euch, dass ihre Engel in den Himmeln allezeit das Angesicht meines Vaters schauen, der in den Himmeln ist. (Matthäus 18,3-6.10 ELB)*

Sind das Schutzengel? Nun, wenn sie es sind, dann scheinen sie am falschen Platz zu sein, denn Jesus sagt, sie seien „im Himmel" und nicht auf der Erde, wo sie ihre irdischen Anvertrauten überschatten sollten. Dazu kommt, dass diese Engel, statt auf die Kinder zu achten, wie Jesus sagt, „allezeit das Angesicht meines Vaters schauen, der in den Himmeln ist."

Warum aber nennt Jesus sie dann „*ihre* Engel"? Beachten wir den Kontext: Jesus versichert seinen Jüngern nicht, dass die Engel kleine Kinder jederzeit vor Schaden bewahren, sondern er warnt seine Jünger, Kinder nicht in Schwierigkeiten zu bringen oder sie geringschätzig zu betrachten. In ihrem Kontext lässt sich diese Aussage daher wohl am besten damit erklären, dass diese Engel bereit sind, Rache an denen zu nehmen, die Kinder verachten oder missbrauchen. Sie schauen das Angesicht des Vaters im Himmel und sind bereit sofort jedem seiner Befehle zu folgen.

Es gibt allerdings eine Stelle in der Bibel, die zeigt, dass im 1. Jahrhundert einige Menschen an Schutzengel glaubten. In Apostelgeschichte 12 schreibt Lukas uns, dass der Apostel Petrus mit der Hilfe eines Engels aus dem Gefängnis entkam und zum Haus der Mutter des Markus ging, wo sich eine Gruppe von Christen zum Gebet versammelt hatte (12,6-12). (Diese Stelle inspirierte Amy Grant zu ihrem bekannten christlichen Lied „Angels Watching Over Me".) Als er an das Tor klopfte, kam eine Dienerin mit Namen Rhode heran. Sobald sie seine Stimme hörte, geriet sie so in Aufregung, dass sie wieder hinein rannte, um den anderen davon zu erzählen und sie ließ Petrus am Tor zurück (Verse 13-14). Wie Lukas uns berichtet, dachten die anderen zunächst, Rhode sei verrückt geworden - als diese jedoch beharrlich blieb, sagten einige „Es ist sein Engel" (Vers 15).

Die meisten Kommentare sind sich darin einig, diese Aussage deute auf einen Glauben an Schutzengel hin. Spätere jüdische Schriften geben dann Anlass zu der Annahme, dass zumindest einige Juden glaubten, Schutzengel sähen so aus wie die Menschen, die sie beschützten. Hinzu kommt noch, wie Ben Witherington anmerkt, dass „man glaubte, der Geist oder Engel eines Menschen bliebe nach dem Tod oft noch auf der Erde zurück und erschiene noch einige Tage lang anderen Menschen, und dieser Glaube mag sich hier widerspiegeln."[81]

Duane Garrett

Wenn hier „Schutzengel" gemeint sind, dann fragt man sich doch, warum diese Engel in der Gegenwart des Vaters sind, statt unten auf der Erde, um auf ihre ständig gefährdeten kleinen Schutzbefohlenen zu achten.[82]

Lukas stützt diese Vorstellung von einem Schutzengel, der aussieht wie sein Schützling, jedenfalls nicht. Schließlich berichtet er uns, dass die Person am Tor tatsächlich Petrus war und nicht sein Schutzengel. Er berichtet weiter, dass die Menschen bei der Gebetsversammlung dachten, Rhode wäre verrückt geworden, doch auch das stimmte nicht. Wie bereits erwähnt, lesen wir bei Lukas, dass ein Engel Petrus half, aus seiner Gefängniszelle zu entkommen. Die Art und Weise, wie er den Engel beschreibt, stützt jedenfalls nicht die Vorstellung von einem persönlichen Schutzengel. Lukas schreibt, „ein Engel des Herrn" habe Petrus aus dem Gefängnis geführt (Apostelgeschichte 12,7). Nachdem der Engel ihn an allen Wachen vorbei und durch das Gefängnistor auf die Straße geleitet hatte „schied der Engel von ihm" (Vers 10). An diesem Punkt wurde Petrus klar, was geschehen war, und er sagte: „Nun weiß ich in Wahrheit, dass der Herr *seinen Engel gesandt* und mich gerettet hat" (Vers 11). Der Apostel Petrus hielt diesen Engel offensichtlich nicht für seinen eigenen Schutzengel, sondern für einen Engel, den Gott speziell für den Zweck gesandt hatte, ihn zu retten.

Schutzengel: Unsere „unsichtbaren Freunde"?

Die Vorstellung von einem persönlichen Leibwächter in Gestalt eines Schutzengels ist nicht nur weit verbreitet; für viele Menschen ist sie eine lieb gewonnene Überzeugung geworden, aus der sie emotional Trost und Kraft ziehen. Indem wir die Existenz von Schutzengeln infrage stellen, wollen wir jedoch weder verletzen noch entmutigen. Auch gibt es keinen Grund, nun besorgt oder furchtsam zu sein, denn durch das, was wir sagen, wird Gottes Vermögen, seine Leute zu beschützen, ja keineswegs geringer. Gott braucht keine Engel um uns zu beschützen, denn er ist allmächtig, doch gefällt es ihm, den Engeln die Verantwortung und das Vorrecht zu übertragen, seine ausführenden Organe zu sein, wenn es darum geht, Menschen seinem Willen entsprechend zu beschützen. Gott kann sogar eine große Schar von Engeln senden, um jeden Menschen oder jede Gruppe von Menschen zu jeder Zeit zu beschützen, doch das liegt allein in seiner Entscheidung.

Wenn wir also auch der Meinung sind, dass Gott Engel senden kann, um Menschen zu beschützen und das auch tut, warum sollten wir dann die Vorstellung von Schutzengeln untergraben? Eine berechtigte Frage und eine wichtige dazu. Abgesehen davon, dass die Vorstellung von Schutzengeln keine Grundlage in der Schrift hat, haben wir wenigstens noch zwei weitere Gründe, den Glauben an Schutzengel auf der Seite der Mythen zu verbuchen.

1.) Der Glaube an Schutzengel ist dazu geeignet, den Glauben zu stützen, dass wir Beziehungen zu Engeln unterhalten können und sogar sollten. Genau genommen gibt es keinen logischen Grund für diesen Zusammenhang. Man könnte durchaus an Schutzengel glauben, dabei aber davon ausgehen, dass sie normalerweise unbemerkt agieren und uns weitestgehend, wenn nicht sogar völlig, unbekannt bleiben. In der Praxis ist es jedoch so, dass die meisten Verfechter eines Glaubens an Schutzengel die Menschen dazu ermutigen, eine enge Beziehung mit ihrem Engel zu suchen. Hier sind nur zwei Beispiele:

> *Eileen Elias Freeman: „Engel wollen unsere Freunde sein. Sie sind Gefährten auf der Lebensreise auf diesem Planeten, uralte Mitreisende, deren Liebe und Licht und Weisheit unser Leben unendlich bereichern können.*[83]
>
> *Terry Lynn Taylor: „Grundsätzlich schlage ich vor, dass Sie ihren Schutzengel zu ihrem besten Freund machen! Tun Sie einfach so, als hätten Sie*

> *einen unsichtbaren besten Freund, der Zeuge von allem ist, was Sie erleben und mit dem Sie Ihre Einsichten teilen können.*“[84]

Taylors Ratschlag zeigt sehr gut, was für ein Potenzial zum Selbstbetrug der Glaube an Schutzengel enthält, ruft sie ihre Leser doch dazu auf, so zu tun als hätten sie „einen unsichtbaren besten Freund“. Wenn Kinder sich einen unsichtbaren Spielkameraden ausdenken, dann ist das im Allgemeinen süß, harmlos, vielleicht sogar heilsam. Wenn Erwachsene allerdings anderen Erwachsenen raten, so zu tun, als hätten sie einen unsichtbaren Freund, der sie als Schutzengel Tag und Nacht beschützt, dann ist das ein schlechter Rat. Dabei spricht Taylor hier nur deutlich aus, was in den meisten Lehren über Schutzengel unausgesprochen mitschwingt, nämlich dass eine Beziehung mit dem persönlichen Schutzengel in der eigenen Vorstellung beginnt.

Und es kommt noch schlimmer. Da die meisten Menschen nie einen direkten Kontakt mit einem Engel hatten, stellt sich die Frage, wie man eine „innige Beziehung“ zu seinem Schutzengel unterhält. Einige Engelexperten bieten deshalb detaillierte Anleitungen, wie man mit seinem Engel in Kontakt treten kann. Freeman zum Beispiel ermutigt dazu, zum Mittel der Visualisierung zu greifen, um Engel einzuladen, sich selbst zu offenbaren.[85] An einer Stelle berichtet sie davon, wie sie „geleitete Meditation“ eingesetzt hat, um einem verheirateten Paar zu helfen, ihren Schutzengel zu visualisieren, um so ihre Ehe zu heilen. Zu diesem Zweck erhielt das Paar die Anweisung, „die dunklen Engel zu visualisieren ... die von Michael und seinen Engeln des Lichts total besiegt worden sind.“[86] Die geleitete Meditation endete damit, dass Freeman dem Paar mitteilte, das Licht um sie herum habe sich „von einem beschützenden Blau zu strahlendem Gold und Weiß“ gewandelt.[87] Wir sagen es nicht gern, aber die Visualisierung, die Freeman hier empfiehlt, ist eine Form des Okkultismus.

2.) Der abschließende Grund, warum wir die Existenz von Schutzengeln ablehnen, liegt darin, dass dieser Glaube eine falsche Erwartung erzeugt, man wäre permanent geschützt. Dieser Irrtum ist eine logische Folge des Glaubens an Schutzengel. Gehen Sie davon aus, dass Sie einen Engel haben, der persönlich dafür abgestellt ist, Sie überallhin zu begleiten und zu beschützen und werden Sie dann doch verletzt oder geraten Sie in irgendwelche Schwierigkeiten, dann gibt es dafür nur noch eine Erklärung: Es war Ihr eigener Fehler. Das mag sogar richtig sein, kann auf der anderen Seite aber auch falsch sein. Doch wenn da ein Engel ist, um Sie zu beschützen, solange Sie bestimmte Bedingungen erfüllen, dann haben Sie kaum noch eine andere Wahl, als zu schlussfolgern, dass Sie an ihrem Unglück selber schuld waren.

In der Tat gibt es ja Menschen, die davon ausgehen, der Schutz durch die Engel sei immer gegeben, und Menschen, die verletzt werden, hätten einfach nicht ihren Teil zu diesem Schutz beigetragen. Doch ist das wirklich so? Um diese Frage wird es im folgenden Kapitel gehen.

WAHRHEIT:

Gott kann jederzeit, wenn er es will, Engel senden, um Menschen zu beschützen.

MYTHOS:

Wir haben Schutzengel, die permanent dafür abgestellt sind, uns zu beschützen.

Kapitel 14

Manchmal schauen die Engel nur zu

Gott garantiert nicht, dass Engel uns jederzeit beschützen.

Wenn Engel immer auf dem Posten sind, müssen wir dann nicht schließen, dass alles Schlechte, was uns widerfährt, unsere eigene Schuld ist? Genau das müssten wir - *wenn* es denn Engel gäbe, zu deren Aufgaben es gehört, für unsere Sicherheit zu garantieren, solange wir unseren Teil dazu beitragen. Schließlich sind wir uns doch sicher einig, dass Gottes heilige Engel in ihren Pflichten niemals versagen.

An dieser Stelle fragen sich viele Menschen: Verspricht uns die Bibel denn nicht ausdrücklich diesen unfehlbaren Schutz durch Engel? Es gibt in der Tat eine Bibelstelle, die scheinbar ein solch allumfassendes Versprechen enthält: Psalm 91,11, ein Vers, auf den wir im vorangegangenen Kapitel schon kurz eingegangen sind. In diesem Kapitel wollen wir uns Psalm 91 etwas genauer ansehen und dabei mit berücksichtigen, was andere Bibelstellen zu diesem Thema zu sagen haben.

Wozu wurde ein Psalm geschrieben?

Wir wollen den Hinweis auf Engel in Psalm 91,11 einmal in seinen Zusammenhang stellen:

So begegnet dir kein Unglück,
und keine Plage naht deinem Zelt.
Denn er bietet seine Engel für dich auf,
dich zu bewahren auf allen deinen Wegen.
Auf den Händen tragen sie dich,

> *damit du deinen Fuß nicht an einen Stein stößt.*
> *Auf Löwen und Vipern trittst du,*
> *Junglöwen und Schlangen trittst du nieder.*
> *(Psalm 91,10-13 ELB)*

Die Aussage des Psalmisten, dass „dir kein Unglück begegnet", weil Gott seine Engel aufbietet, „dich zu bewahren auf allen deinen Wegen ... damit du deinen Fuß nicht an einen Stein stößt", klingt sicherlich nach „umfassendem Unfallschutz", ja besser noch, es hört sich an wie eine Garantie, selbst kleinste Unfälle, wie das Stoßen eines Zehs, zu *verhindern*. Es überrascht nicht, dass viele Menschen in diesem Abschnitt einen Beweis dafür sehen, dass die Engel uns ständig beschützen.

Oft gehen Christen bei dieser Stelle - wie beim Alten Testament im Allgemeinen - davon aus, es sei eine Verheißung direkt von Gott für sie persönlich. Das heißt, wenn der Psalmist „du" schreibt, neigen Christen dazu zu denken: „Das bedeutet *ich*." Doch auch wenn wir einen Psalm manchmal ohne Schwierigkeiten auf diese Weise lesen können, ist es grundsätzlich der falsche Ansatz, die Psalmen zu lesen.

Wenn der Psalmist „du" schreibt, neigen Christen dazu zu denken: „Das bedeutet **ich**." Doch auch wenn wir einen Psalm manchmal ohne Schwierigkeiten auf diese Weise lesen können, ist es grundsätzlich der falsche Ansatz, die Psalmen zu lesen.

David und andere Männer schrieben die Psalmen unter dem Alten Bund, Gottes verbindlicher Beziehung zu Israel, die er mit ihnen durch Mose aufgerichtet hat. Vielfach sprachen sie darüber, was Gott für Israel getan hat und noch tun würde (z. B. Psalm 68; 78; 105; 106; 135 und 136). Manchmal ging es auch spezifischer um das, was Gott für Jerusalem (z. B. Psalm 48; 79; 87; 122 und 147) oder Jerusalems König, das heißt David und seine Nachkommen (z. B. Psalm 2; 18; 22; 45; 72; 89; 110 und 132) getan hat und tun würde. Dabei konzentrieren sich diese Psalmen in der Regel auf die physischen Wunder, die

Gott für Israel getan hat und die physischen Segnungen, die Gott Jerusalem und David hat zuteil werden lassen.

Dieser Schwerpunkt war durchaus angemessen, denn der Zweck des Alten Bundes bestand darin, eine physische Nation zu schaffen und zu erhalten, aus der der Messias kommen würde.

Unter der Inspiration des Heiligen Geistes haben die Psalmisten oft im Voraus angedeutet oder prophetisch vorweggenommen, was Gott in und durch Davids größten Nachkommen, Jesus den Messias (oder Christus) tun würde. Die meisten Christen erkennen das zum Beispiel auch sofort in Psalm 22, wo David um Befreiung betet, als er sich von Gott verlassen fühlte, was ein Bild auf das ist, was Jesus am Kreuz litt (siehe Matthäus 27,35-46, wo Jesus die erste Zeile aus Psalm 22 zitiert).[88] Allgemein kann man sagen, dass die physischen Segnungen für Israel und Israels König Bilder für die geistlichen Segnungen sind, die Gott den Menschen aller Nationen durch Christus geben würde. Die physischen Leiden, von denen in den Psalmen die Rede ist, sind häufig Hinweise auf das Leiden, das Jesus für unsere Sünden auf sich nahm, und die physische Befreiung, von denen in den Psalmen die Rede ist, deutet vielfach auf die Auferstehung Jesu und das neue Leben hin, das wir durch den Glauben an ihn haben.

Petrus begründete dieses Prinzip der Auslegung in seiner ersten Predigt, wo er erklärte, dass David in Psalm 16 letzten Endes nicht von seiner eigenen Rettung vor dem Tod sprach, sondern von der Auferstehung Jesu aus den Toten (Apostelgeschichte 2,25-32; vgl. Psalm 16,8-11). Christen erfahren in diesem Leben durchaus Leiden, doch sie freuen sich auf eine Ewigkeit in vollkommenem physischem und geistlichem Leben, das sie in ihrer eigenen Auferstehung erwartet (Römer 8,18-23).

Engel wachen über – mir?

Nun wollen wir uns noch einmal Psalm 91 zuwenden. In seinem alttestamentlichen, israelitischen Kontext spricht dieser Psalm von der physischen Bewahrung, die ein/e Israelit/in erleben wird, wenn er oder sie völlig auf den Herrn vertraut

(Psalm 91,1-10). Diese Beschreibung ist idealisiert, ja sogar hyperbolisch,[89] wenn man sie auf jeden einzelnen Israeliten bezieht. Der Psalmist sagt jedoch an keiner Stelle, dass er von allen Israeliten spricht und scheint sogar sich selbst (ich) nicht unter die zu rechnen, für die diese vollkommene Bewahrung gilt (du). Die Ausdrucksweise, die hier für den Bewahrten verwendet wird, erinnert an die Art und Weise, wie David häufig von sich selbst sprach (vgl. z. B Psalm 91,1-4 mit Psalm 18,1-3), was den Schluss nahelegt, dass der Psalmist hier von David oder seinem späteren Nachkommen, dem Messias, spricht. David wurde tatsächlich im physischen Sinne vor allen möglichen Gefahren bewahrt, unter anderem auch vor ganz realen Löwen (1. Samuel 17,34-37). David selbst drückt in einem anderen Psalm seine Zuversicht aus, dass Gott ihn aus allen Gefahren befreien und durch den „Engel des HERRN" beschützen wird (Psalm 34,7-8).

In seinem ursprünglichen Kontext im Alten Testament scheint der Psalm 91 daher ganz direkt von David zu sprechen und vielleicht zugleich in einer allgemeinen oder hyperbolischen Weise auch von der Bewahrung, die Gott dem Volk Israel verheißen hat, wenn es ihm völlig vertrauen würde. Dass der Psalmist zudem auch auf den Messias Bezug nimmt, oder zumindest darauf anspielt, kann man fast sicher aus Vers 13 ersehen, wo es heißt: „Auf Löwen und Vipern trittst du, Junglöwen und Schlangen trittst du nieder".

Dieses Treten auf eine Viper oder Schlange ist eine deutliche Anspielung auf die erste messianische Verheißung in der Bibel. Nachdem Adam und Eva im Garten Eden der Verführung der Schlange erlegen waren, sagte Gott zu Satan, der die Gestalt einer Schlange angenommen hatte (1. Mose 3,14), der „Same" oder Nachkomme der Frau werde „dir den Kopf zertreten" (3,15). In Jesaja finden wir prophetische Visionen einer zukünftigen Wiederherstellung des Paradieses durch den Messias, wo es keine Schlange gibt bzw. wo die Schlange gezwungen ist, sozusagen „Staub zu fressen" (Jesaja 11,8; 65,25). Durch Davids Tapferkeit im Kampf gegen die Löwen, die die Schafherde seines Vaters angriffen (1. Samuel 17,34-37) konnte Jesaja das Paradies zudem als einen Ort beschreiben, an dem es keine Löwen gab (Jesaja 35,9) bzw. wo der Löwe völlig gezähmt war (11,6-7; 65,25).

Daher sollten wir Psalm 91,13 als eine Vorausschau auf das Kommen von Jesus dem Messias lesen, durch den Gott uns Sieg über Satan und die anderen Mächte des Bösen gibt. Im Neuen Testament sagte Jesus seinen Jüngern einmal, „Ich habe euch Macht gegeben, zu treten auf Schlangen und Skorpione, und Macht über alle Gewalt des Feindes; und nichts wird euch schaden" (Lukas 10,19). Hier geht es nicht um tierische Schlangen oder körperliche Verletzungen, sondern um Autorität über „die Geister" (Vers 20), die seine Nachfolger in die Lage versetzt, Dämonen auszutreiben (Vers 17).

Natürlich litt Jesus und starb, wie auch viele seiner Jünger nach ihm. Daher kann Psalm 91 keinesfalls bedeuten, dass Gott verheißen hat, den Messias vor jedem physischen Schaden zu bewahren. Er kann jedoch bedeuten und ist auch so zu verstehen, dass Gottes Bewahrung über dem Messias sicherstellte, dass niemand Jesus irgendeinen Schaden zufügen konnte, bevor er sich nicht freiwillig seinem erlösenden Leiden und Tod unterwarf. Ein Engel bewahrte Jesus, als man versuchte, ihn bereits im Kindesalter umzubringen (Matthäus 2,13.19) und auch später überlebte er während seines öffentlichen Wirkens einige lebensbedrohliche Situationen (Lukas 4,28-30; Johannes 5,18; 8,59; 10,31.39). Als sein Tod näher rückte, bestätigte Jesus, dass es seine eigene Entscheidung war, zu sterben; niemand würde in der Lage sein, sein Leben von ihm zu nehmen (Johannes 10,17-18).

Nachdem er sich um unseretwillen diesem Tod unterworfen hatte, stand Jesus wieder von den Toten auf, zu einem nicht endenden vollkommenen Leben – der absoluten Erfüllung von Gottes Verheißung eines „langen Lebens" (Psalm 91,16; vgl. Psalm 16,11 und Apostelgeschichte 2,25-32). Genauso sind auch wir nicht vor physischem Leiden oder Tod gefeit. Psalm 91 verheißt uns keine physische Bewahrung in diesem vergänglichen Leben. Dennoch, durch Jesus befreit Gott uns von Satan und dem Todesgriff der Sünde und verheißt uns eine ewige Zukunft mit einem vollkommenen, herrlichen Leben in der Auferstehung.

Vielleicht fragen Sie sich, ob Psalm 91,11 auch irgendwo im Neuen Testament zitiert wird. Interessanterweise ist das tatsächlich der Fall, doch ist es ironischerweise Satan, der diesen Vers zitiert, als er Jesus in der Wüste dreimal versucht:

> *Da führte ihn der Teufel mit sich in die heilige Stadt und stellte ihn auf die Zinne des Tempels und sprach zu ihm: Bist du Gottes Sohn, so wirf dich hinab; denn es steht geschrieben (Psalm 91,11-12): »Er wird seinen Engeln deinetwegen Befehl geben; und sie werden dich auf den Händen tragen, damit du deinen Fuß nicht an einen Stein stößt.«*
>
> *Da sprach Jesus zu ihm: Wiederum steht auch geschrieben (5.Mose 6,16): »Du sollst den Herrn, deinen Gott, nicht versuchen.« (Matthäus 4,5-7; siehe auch Lukas 4,9-12)*

Satan hat Psalm 91,11 nicht rein zufällig ausgewählt. Alle drei seiner Versuchungen bezogen sich darauf, dass Jesus der Sohn Gottes war. Jesus wurde durch den Teufel versucht, sich selbst durch ein Wunder Brot in der Wüste zu verschaffen (in Anspielung auf das Manna, das Gott Israel in der Wüste durch Mose gegeben hatte), die Engel zu Hilfe zu rufen – damit sie ihn bei einer dramatischen Inszenierung zur „Erfüllung" der Schrift bewahrten –und die Macht über alle Reiche der Welt zu ergreifen. Jesus reagiert auf alle drei Versuchungen, indem er Aussagen aus dem 5. Buch Mose zitiert, die dazu auffordern, Gott, dem Herrn, allein zu glauben, ihm zu vertrauen und ihn anzubeten (5. Mose 6,13.16; 8,3).

Genau das war es, was Israel tun sollte (worin es jedoch im Allgemeinen versagte) und genau das tat Jesus in vollkommener Weise an unserer Stelle. Wie Jesus später erklärte, hätte er zu jeder Zeit den Vater bitten können, ihm „mehr als zwölf Legionen Engel" zu schicken (Matthäus 26,53), doch als die Zeit gekommen war, entschied er sich aus freien Stükken, um unseretwillen zu leiden und zu sterben (Johannes 10,17-18). Alles was die Engel tun konnten, war zusehen. Sie standen bereit und warteten auf die Zeit, da der Sohn Gottes in seinem Anspruch gerechtfertigt dastand - die Zeit, da er aus dem Grab auferstand und für uns über Satan, Sünde, Leiden und Tod triumphierte.

Die Botschaft von Psalm 91,11 ist für Christen somit nicht, Gott hätte uns eine Blankogarantie gegeben, dass Engel uns vor allem Schaden bewahren. Manchmal widerfahren uns einfach schlimme Dinge und wir sind nicht selbst schuld daran. Die Botschaft von Psalm 91,11 ist, dass Gott durch Jesus Christus gehandelt hat, um uns vom Teufel und allem geistlichen Schaden zu befreien und er verspricht uns, dass wir in der Auferstehung ein Leben führen werden, das frei ist von jeder Art von Leid. In der Zwischenzeit kann und wird Gott seine Engel senden, um Menschen zu beschützen, wann und wie es ihm gefällt. Doch ist das immer nur ein Vorgeschmack oder schwacher Eindruck des vollkommenen Lebens, dem wir entgegensehen.

Engel in Bereitschaft

Durch die ganze Bibel hindurch sehen wir, dass Gott manchmal mit Hilfe von Engeln Menschen aus schwierigen Situationen rettet und manchmal nicht. Als Nebukadnezar seinen Soldaten befahl, die drei Freunde Daniels in einen Ofen zu werfen, sagten die jungen Männer dem König „Wenn unser Gott, den wir verehren, will, so kann er uns erretten; aus dem glühenden Ofen und aus deiner Hand, o König, kann er erretten“ (Daniel 3,17). Und dann fügen sie hinzu, „Und wenn er‘s nicht tun will, so sollst du dennoch wissen, dass wir deinen Gott nicht ehren und das goldene Bild, das du hast aufrichten lassen, nicht anbeten wollen.“ (Vers 18). Sie vertrauten Gott und wussten, er würde sie auf die eine oder andere Weise aus den Händen des Königs befreien; dabei akzeptierten sie jedoch auch die Möglichkeit, dass Gott ihnen den Tod im Feuerofen nicht ersparen würde.

In diesem Fall bewahrte Gott die Freunde von Daniel vor dem Feuer. Doch wie der Schreiber des Hebräerbriefs darlegt, haben die Gläubigen des Alten Testaments, die aus Treue zum Herrn Folter, Gefangenschaft und sogar den Tod erduldeten, dies genauso „durch den Glauben“ getan wie jene, die den Löwen, dem Feuer oder dem Schwert entronnen sind (Hebräer 11,32-40).

Nebenbei gesagt, erwähnte Nebukadnezar, dass er einen vierten Mann in dem Ofen sah, der aussah wie ein „Sohn Gottes“ (Daniel 3,25 nach der engl. New King James Bibel; deutsche und viele englische Übersetzungen haben hier in der Regel „Sohn der Götter“).[90] Diese Gestalt kann sehr wohl ein Engel gewesen sein (die alte griechische Übersetzung dieser Stelle lautet in der Tat „wie ein Engel Gottes“). Doch ist es ebenso denkbar, dass dies ein weiteres Auftreten des Sohnes Gottes im Alten Testament war.

Wir haben uns im vorhergehenden Kapitel damit beschäftigt, wie Petrus mit der Hilfe eines Engels auf wunderbare Weise aus dem Gefängnis befreit wurde (Apostelgeschichte 12,7-11). Wir müssen uns dabei jedoch auch vor Augen halten, dass kurz zuvor Jakobus, der Bruder von Johannes, hingerichtet worden war (12,2). Als Apostel wäre Jakobus sicher in der Lage gewesen, die Hilfe der Engel für sich in Anspruch zu nehmen, wenn dies den Gläubigen garantiert worden wäre. Doch Jakobus starb. Es stimmt zwar, dass die Gemeinde für Petrus gebetet hat (Vers 5), während Lukas nichts darüber erwähnt, dass sie auch für Jakobus beteten, und natürlich können wir daraus eine Ermutigung zum Gebet ableiten - trotzdem gibt es keinen Grund anzunehmen, die Gemeinde wäre im Fall von Jakobus nachlässig gewesen. Anscheinend ließ jedoch Herodes Jakobus ohne weitere Verzögerung hinrichten, während er Petrus für eine Weile im Gefängnis schmachten ließ.

Außerdem weist die Tatsache, dass die anderen Gläubigen sich darüber lustig machten, als die Magd Rhode berichtete, Petrus sei am Tor (Apostelgeschichte 12,15), darauf hin, dass die Befreiung von Petrus nicht auf ihren Glauben zurückgeführt werden kann. Die Quintessenz aus allem ist einfach: Gott bewahrt seine Leute manchmal vor physischem Schaden und manchmal eben auch nicht.

Schließlich lohnt es sich noch zu erwähnen, dass Paulus die Gläubigen in Korinth in seinem ersten Brief für ihr Denken schalt, sie seien so „geistlich“, dass sie über allem schwebten, während Paulus und andere im apostolischen Dienst für die Sache Christi große Leiden auf sich nahmen. Paulus schrieb ihnen: „Denn wir sind ein Schauspiel geworden der Welt und den Engeln und den Menschen“ (1. Korinther 4,9). Mit anderen Worten sagt Paulus hier, dass er und die anderen Apostel oft zu leiden hatten und die Engel dabei nur zusahen. Wenn dies Gottes treuen Dienern an der vordersten Front widerfahren kann, sollten wir uns in unserem Glauben nicht erschüttern lassen, wenn es uns ähnlich geht.

WAHRHEIT:

Manchmal sendet Gott seine Engel, um Menschen vor Schaden zu bewahren.

MYTHOS:

Wenn Engel uns nicht aus Schwierigkeiten retten, muss das unser Fehler sein.

Kapitel 15

Engel beherbergen

Engelerscheinungen sind selten, gewöhnlich von kosmischer Bedeutung und nichts, wonach wir suchen sollten.

Also wann haben Sie das letzte Mal einen Engel gesehen oder mit einem gesprochen?

Manche Menschen sind der Ansicht, wir alle sollten zumindest von Zeit zu Zeit, wenn nicht sogar regelmäßig, Engeln begegnen. Doreen Virtue meint, dass „diejenigen, die bereit sind Engel zu sehen und es wollen, auch Engel sehen werden."[91] Karen Goldman behauptet: „Engel sprechen zu jedem Menschen. Einige von uns hören nur besser hin."[92] Befürworter wie diese tischen uns eine Geschichte von Begegnungen mit Engeln nach der anderen auf. So viele, dass man sich unwillkürlich fragt: Warum läuft mir eigentlich nicht hin und wieder ein Engel über den Weg?

Die Frage ist ja nicht, ob Engel um uns herum unsichtbar gegenwärtig sind und hinter den Kulissen wirken. Die Bibel sagt ganz klar, dass das so ist. Auch bezweifeln wir nicht, dass Engel auch heute noch Menschen erscheinen können. Das können sie natürlich. Was wir anzweifeln ist jedoch die Behauptung, dass offene Begegnungen mit Engeln, bei denen man sie entweder sieht oder sogar mit ihnen sprechen kann, etwas sind, das jeder erleben sollte und das jedem von uns mit großer Häufigkeit geschehen kann. Diese Behauptung ist ganz einfach nicht biblisch, wie wir zeigen werden.

Als Engel zu Besuch kamen

Wir wollen damit beginnen, uns die biblischen Berichte, bei denen Menschen tatsächlich einen Engel gesehen haben – einschließlich der Erscheinungen des „Engel des Herrn" –

noch einmal anzusehen. Die Liste ist ziemlich kurz (siehe unten stehende Tabelle). Natürlich ist es möglich und sogar wahrscheinlich, dass Engel auch bei Gelegenheiten, die nicht in der Bibel aufgezeichnet sind, Menschen erschienen sind. Dennoch dürfen wir wohl davon ausgehen, dass die biblischen Berichte beispielhaft und repräsentativ für Engelerscheinungen unter Gottes Volk sind.

Menschen in der Bibel, die Engel oder „den Engel des Herrn" sahen		
Hagar (2-mal) (1. Mose 16,7-13; 21,16-18)	Elia (2-mal) (1. Könige 19,5-7; 2. Könige 1,3)	Joseph (3-mal, in Träumen) (Matthäus 1,20; 2,13.19)
Abraham (2-mal) (1. Mose 18; 22,9-18)	Elisa (2. Könige 6,15-17)	Hirten (bei Jesu Geburt) (Lukas 2,8-14)
Lot und seine Familie (1. Mose 19)	David (1. Chronik 21, 16-18)	Jesus (2-mal) (Markus 1,13; Lukas 22,43)
Jakob (3 mal) (1. Mose 28,1; 32,1.24-30)	Jesaja (Jesaja 6,2)	Die Frauen am Grab (Matthäus 28,2-5 und Parallelstellen)
Mose (2. Mose 3,2-6)	Hesekiel (in mehreren Visionen) (insbesondere Hesekiel 1 und 10)	Die Apostel (2-mal) (Apostelgeschichte 1,10-11; 5,19)
Bileam (und sein Esel) (4. Mose 22,22-35)	Daniel (Daniel 6,22)	Philippus (Apostelgeschichte 8,26)
Josua (Josua 5,13-15)	Die drei Freunde Daniels (Daniel 3,25)	Kornelius (Apostelgeschichte 10,3-7)

Menschen in der Bibel, die Engel oder „den Engel des Herrn" sahen		
Das Volk Israel (Richter 2,1-4)	Nebukadnezar (Daniel 3,25; 4,13.17.23)	Petrus (Apostelgeschichte 12,7-11)
Gideon (Richter 6,11-18)	Zacharias (Lukas 1,11-20)	Paulus (Apostelgeschichte 27,23-24)
Die Eltern von Samson (Richter 13,3-23)	Maria (Lukas 1,26-38)	Johannes (zahlreiche Visionen) (die ganze Offenbarung)

1.) Als erstes fällt auf, dass die meisten biblischen Gestalten, die Engel gesehen haben, diese anscheinend nur ein einziges Mal sahen. In den Evangelien lesen wir von Jesus nur, dass er bei zwei Gelegenheiten eine offene Begegnung mit Engeln hatte. Keine einzige Person ist mehr als drei Mal Engeln begegnet (mit Ausnahme von Johannes, der im Buch der Offenbarung eine ganze Reihe von Begegnungen mit Engeln hatte) und dabei handelte es sich dann meistens um Träume oder Visionen.

2.) Jedes Auftreten der Engel hatte etwas mit dem Entstehen oder dem Überleben des Bundesvolkes Gottes und dem Heil, das in die Welt kommen sollte, zu tun. In der Bibel gibt es keine Geschichten von Engeln, die beliebig irgendwo auftauchen, um Menschen in Schwierigkeiten zu helfen oder den Leidenden trostreiche Botschaften zu überbringen. Es gab verschiedene Gründe, warum die Engel den Menschen erschienen oder mit ihnen kommunizierten, doch alle hatten etwas mit der sich entfaltenden Heilsgeschichte zu tun:

- *Die Ankündigung der Geburt einer Schlüsselgestalt (Abraham, Samsons Eltern, Zacharias, Maria und Josef, die Hirten)*

- *Schutz für die Familienmitglieder der Patriarchen (Hagar und Ismael, Lot, Isaak [1. Mose 22,9-18])*
- *Berufung von Propheten oder anderen Leitern in den Dienst (Mose, Gideon, Jesaja, Hesekiel)*
- *Bestätigung, dass Gott seine Bundesverheißung erfüllen würde (Jakob, Josua)*
- *Rettung oder Stärkung von Propheten oder anderen Schlüsselfiguren (Elia, Elisa, Daniel und seine Freunde, Jesus, die Apostel, Petrus, Paulus)*
- *Gottes Warnung vor Strafe oder Gericht für Israel oder seine Feinde (Bileam, das Volk Israel, David, Nebukadnezar)*
- *Verkündigung der Auferstehung von Jesus (die Frauen am Grab)*
- *Steuerung der Ausweitung der Gemeinde auf neue Volksgruppen (Philippus, Kornelius)*
- *Offenbarung von Gottes zukünftigen Absichten für sein Volk (Hesekiel, Johannes)*

Wie bereits gesagt, kann man vernünftigerweise annehmen, dass Engel auch zu anderen Gelegenheiten, die nicht in der Bibel aufgezeichnet sind, Menschen erschienen. Dennoch liefert die Bibel klare Belege dafür, dass Begegnungen mit Engeln selten waren und darüber hinaus normalerweise von großer Bedeutung für die Gesamtentwicklung der Dinge.

3.) Ein weiterer wichtiger Punkt besteht darin, dass fast alle diese Erscheinungen von Engeln für die Betreffenden völlig überraschend kamen. In den meisten biblischen Berichten wird ausdrücklich erwähnt, dass die Menschen, die die Engel sahen, überrascht waren und oft sogar Angst vor ihnen hatten. Hier liegt ein feiner, aber wichtiger Unterschied zwischen den Begegnungen mit Engeln in der Bibel und vielen modernen Engelgeschichten. In der typischen Engelgeschichte unserer Tage kommen die Engel zu Menschen, die aufgrund der Umstände, in denen sie sich befinden, in Furcht und Sorge sind (z. B. haben sie womöglich Angst zu sterben oder allein dazustehen) und spenden ihnen Trost und Stärkung. In einer typischen Engelgeschichte der Bibel gehen die Menschen einfach ihrer Arbeit nach und die Engel müssen ihnen erst einmal beibringen, keine Angst *vor ihnen* zu haben.

4.) Hinzu kommt noch, dass die meisten Menschen, die in der Bibel eine Begegnung mit Engeln hatten, nicht durch besondere geistliche Sensibilität auffielen (wobei Jesus - und einige andere in geringerem Maße - die offensichtliche Ausnahme bilden). In keinem dieser Fälle sucht irgendjemand eine Begegnung mit Engeln. Kein menschliches Wesen betet zu einem Engel, bittet Gott, einen Engel zu senden oder widmet sich irgendeiner geistlichen oder religiösen Aktivität, um damit die Tür für Begegnungen mit Engeln zu öffnen. Kein Text der Bibel regt auch nur im Entferntesten dazu an, Engel anzurufen, mit Engeln zu sprechen oder Begegnungen mit Engeln zu suchen oder auch nur zu erwarten.

Einige Lehrer haben sich die größte Mühe gegeben, um in der Bibel ein Beispiel dafür zu finden, dass man den Kontakt mit Engeln oder deren Unterstützung suchen sollte. Wie wir im vorangegangenen Kapitel bereits erwähnt haben, erinnerte Jesus seine Jünger, dass er den Vater jederzeit bitten könnte „dass er mir sogleich mehr als zwölf Legionen Engel schickte“ (Matthäus 26,53), als die jüdischen Führer ihn verhaften ließen. Eine Fernsehevangelistin bezog sich auf diese Aussage, um zu belegen, dass jeder Gläubige mindestens 40.000 Schutzengel hat.[93] (Zwölf Legionen wären allerdings etwa 72.000 Soldaten, aber wer nimmt das schon so genau?) Wenn Jesus tausende von Engeln zur Verfügung standen, so die dahinter stehende Vorstellung, dann gilt das auch für uns.

C. S. Lewis

In der Schrift ist der Besuch eines Engels immer etwas Beunruhigendes. Der Engel muss damit beginnen, dass er sagt „Fürchte dich nicht." Der viktorianische Engel dagegen sieht aus, als würde er sagen: „Dort, dort."[94]

Doch sollte allein Jesu einzigartige Identität als Sohn Gottes und Herrscher über die Engel (siehe Hebräer 1,6) völlig ausreichend sein, um diese Interpretation zu verwerfen.

Schließlich wollen wir noch anmerken, dass Jesus nicht behauptet hat, die Engel stünden *bereits* zu seiner Verfügung, sondern dass der Vater sie senden könnte, wenn Jesus darum bitten würde. Wir haben hier also einen Fall, wo der einzigartige Sohn Gottes an einem alles entscheidenden Wendepunkt in seinem Leben und in der Geschichte der Menschheit sagt, er *könne* den Vater bitten, ihm Engel zur Verfügung zu stellen, er würde es jedoch *nicht* tun. Es ist kaum nachvollziehbar, wie man diese Begebenheit als Beleg dafür heranziehen kann, dass jeder Christ Engel hat, die darauf warten, um seinetwillen einzugreifen, wenn er nur genug Glauben besitzt.

Ohne es zu wissen, Engel beherbergen?

Gegen Ende des Hebräerbriefs sagt uns der Schreiber des Briefes: „Gastfrei zu sein vergesst nicht; denn dadurch haben einige ohne ihr Wissen Engel beherbergt" (Hebräer 13,2). Einige Christen leiten aus diesem Vers ab, ganz normale Menschen, denen sie begegnen, könnten sich häufig als Engel herausstellen. Sie sehen in Hebräer 13,2 eine Bestätigung des Glaubens, Begegnungen mit Engeln wären etwas ganz Alltägliches. Eine Autorin behauptet, dass dieser Text „uns sagt, dass wir ALLE womöglich bei bestimmten Gelegenheiten in unserem Leben Engel gesehen haben - ohne es zu wissen."[95]

Bevor wir auf diese Schlussfolgerung näher eingehen, sollten wir versuchen zu verstehen, was der Schreiber des Hebräerbriefs[96] meint, wenn er sagt, dass „einige ohne ihr

Wissen Engel beherbergt" haben. Die meisten Bibellehrer sind sich darüber einig, dass Hebräer 13,2 auf den Bericht in 1. Mose 18 und 19 anspielt, wo Abraham und sein Neffe Lot die Engel gastfreundlich aufnehmen. Die Menschen in Sodom und Gomorrah pflegten jedoch Fremden keine Gastfreundschaft zu erweisen, was einer der Hauptgründe war, warum Gott diese Städte der Vernichtung preisgab. Kurz zuvor hatte der Schreiber des Hebräerbriefs Gott als „ein verzehrendes Feuer" beschrieben (12,29), eine Erinnerung daran, dass die beiden Städte mit Feuer und Schwefel zerstört wurden und fährt dann im unmittelbaren Kontext fort zu ermahnen, dass die Ehe in Ehren gehalten werden soll, „denn die Unzüchtigen und die Ehebrecher wird Gott richten (13,4), was wiederum an die groben sexuellen Sünden erinnert, für die Sodom bekannt war und ist.

Ein genaues Studium von 1. Mose 18-19 stützt diese Interpretation von Hebräer 13,2. Nachdem der Herr und die beiden Engel mit Abraham zusammentreffen, brechen die beiden Engel nach Sodom auf, während der Herr Abraham das Gericht, das über Sodom kommen sollte, offenbart (1. Mose 18). Lot empfängt die beiden Engel und lädt sie ein, die Nacht in seinem Haus zu verbringen, bevor sie weiterziehen (1. Mose 19,1-2). Offensichtlich weiß er an diesem Punkt noch gar nicht, dass es sich um Engel handelt. Erst nachdem die beiden Fremden die Bewohner der Stadt mit Blindheit geschlagen und Lot mitgeteilt haben, dass sie Gericht über die Stadt bringen würden (19,11-13), wird Lot gewusst haben, dass sie Gottes Engel waren.

Was also sagt uns Hebräer 13,2 über die Besuche von Engeln? Im Grunde nicht viel. In erster Linie geht es in diesen Versen darum, Christen zu ermutigen, gastfrei zu sein und nicht darum, dass Christen jederzeit mit dem Besuch von Engeln rechnen sollten. Auch sagt der Text keineswegs, Fremde, denen wir begegnen und die wir danach nie wieder sehen, könnten Engel sein. Wenn der Schreiber sagt, dass einige „ohne ihr Wissen Engel beherbergt haben", heißt das nicht, diese Engel hätten ihre wahre Natur dann niemals offenbart. Als Abraham und Lot den Engeln zuerst begegneten, wussten sie noch nicht, dass es Engel waren, doch wussten sie es mit Sicherheit, noch ehe die Engel wieder verschwanden. Wenn wir darüber hinaus sehen, dass diese Verse sich auf Engelbesuche beziehen, die in einem engen Zusammenhang mit dem Gericht Gottes stehen, dann werden wir sie umso weniger als Ermutigung verstehen, in unserem täglichen Leben nach Engeln Ausschau zu halten.

Wollen wir damit sagen, es käme heutzutage nicht mehr vor, dass Engel den Menschen erscheinen? Nein. Nirgendwo sagt die Bibel, die Besuche von Engeln hätten aufgehört, noch gibt es irgendeinen vernünftigen Grund, warum es sie nicht mehr geben sollte. Doch sind die Gelegenheiten in der Bibel selten, bei denen den Menschen Engel erschienen oder sie mit ihnen sprachen. So kann man vernünftigerweise aus den Angaben der Bibel schließen, dass Besuche von Engeln auch heute nur äußerst seltene Ereignisse sein dürften. Wenn Sie also während Ihres gesamten Lebens niemals einen Engel zu Gesicht bekommen, brauchen Sie daraus nicht zu schließen, dass irgendetwas mit Ihrem geistlichen Leben nicht stimmt.

Wahrheit:

Den Menschen in der Bibel sind Engel erschienen und genau das kann auch heute noch geschehen.

Mythos:

Jeder von uns sollte damit rechnen, Engeln zu begegnen.

Kapitel 16

Engelgeschichten auf dem Prüfstand

Wonach wir Ausschau halten sollten,
um zu prüfen, ob es sich bei einem Bericht um eine Begegnung
mit einem wirklichen Engel handelt.

Man kann mit Sicherheit sagen, dass die Menschen auch heutzutage nur selten Engeln begegnen. Man kann diese Aussage deshalb mit so großer Gewissheit machen, weil Engelbegegnungen, wie wir im vorangegangenen Kapitel gesehen haben, *schon immer* selten waren, selbst zu biblischen Zeiten. Dennoch können wir nicht behaupten, Engel würden heutzutage *niemals* Menschen erscheinen oder mit ihnen in Kontakt treten. Es gibt sie immer noch, sie sind immer noch aktiv (wenn auch fast immer unsichtbar) und es gibt nichts, was Engel davon abhalten könnte, einem Menschen zu erscheinen, wann immer Gott das will.

Wir wollen zwei berechtigte Anliegen in ein Gleichgewicht bringen. Auf der einen Seite möchten wir die ernstzunehmenden Erfahrungen von Menschen, die in aller Aufrichtigkeit von ihren Begegnungen mit Engeln berichten, bestätigen und zugestehen, dass solche Erfahrungen eine sehr positive Wirkung haben können. Auf der anderen Seite wollen wir aber falsche Berichte über Engel entlarven und zurückweisen, damit solche Berichte andere Menschen nicht in die Irre führen und von der Wahrheit abbringen.

Kurz, wir brauchen *Unterscheidungsvermögen*, das heißt die Fähigkeit, in Geschichten über Engel Wahrheit von Lüge und das Gute vom Schlechten zu trennen.

Die Guten, die Schlechten und die „Äh …“

Wann immer jemand (Sie selbst oder ein anderer) denkt, er[97] wäre einem Engel begegnet, heißt das nicht, Sie hätten nur die Wahl, anzuerkennen, dass er wirklich einen Engel gesehen hat oder ihn einen Lügner zu nennen[98]. Alles in allem gibt es fünf verschiedene Möglichkeiten.[99]

1. *Er sah einen Menschen und hielt diesen Menschen irrtümlich für einen Engel.*
2. *Er hat sich geirrt und hat überhaupt niemanden gesehen.*
3. *Er hat gelogen und hat überhaupt niemanden gesehen.*
4. *Er sah einen echten, guten Engel.*
5. *Er sah einen echten Engel, doch es handelte sich um einen Dämon (gefallenen Engel).*

Sichtung von Engeln: Überblick über die Möglichkeiten

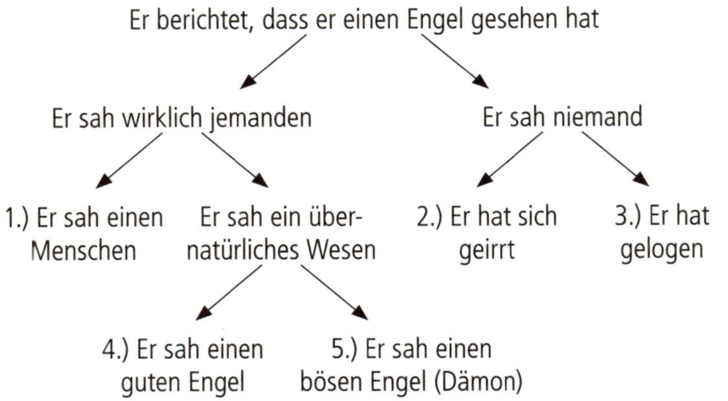

Unsere Untersuchung darüber, was die Bibel zu Engelerscheinungen sagt, führt uns zu der Annahme, dass die meisten (jedoch nicht alle) solcher Berichte heutzutage unter eine der ersten drei Kategorien fallen. Wir haben diese drei

Optionen nach - gemäß unserer Auffassung - absteigender Wahrscheinlichkeit aufgelistet. Mit anderen Worten, wir denken, dass die Leute in den meisten Fällen 1.) in Wirklichkeit einen Menschen sahen und keinen Engel, und dass diejenigen, die einen Engel gesehen haben wollen, und keinen Menschen sahen, sich eher 2.) geirrt haben als dass sie 3.) gelogen haben.

Die letzten beiden Optionen - einen guten Engel oder einen Dämon zu sehen - sind beide wahrscheinlich so selten, dass man nur schwer einschätzen kann, welche häufiger vorkommt.

Wir sollten uns auch bewusst sein, dass es nicht immer möglich sein wird, mit letzter Gewissheit zu entscheiden, worum es sich bei einer Engelsichtung in Wirklichkeit handelte. Manchmal kann man sich seiner Antwort ziemlich sicher sein, doch in vielen Fällen stehen uns dazu einfach nicht genügend Informationen zur Verfügung. In diesen Fällen ist es am klügsten zuzugeben, dass wir es einfach nicht wissen.

Fallen Sie nicht auf diese „Beweise“ herein

Die Befürworter von Engelgeschichten behaupten oft, bestimmte Merkmale oder Charakteristika zu kennen, die zuverlässig belegen, dass es sich um wirkliche Begegnungen mit Engeln handelt. Wir wollen uns einige dieser charakteristischen Merkmale einmal ansehen und prüfen, ob sie tatsächlich als eindeutige Beweise für eine wirkliche Begegnung taugen.

1.) *Der Engel ist eine Gestalt aus hellem Licht.* Natürlich würde ein Dämon, wenn er sich als Engel ausgeben wollte, seinen „besten Anzug“ anziehen. So wie böse Menschen normalerweise versuchen, den Anschein von Seriosität zu erwecken und sogar hohe Ideale vortäuschen, versuchen böse Geister als Engel des Lichts durchzugehen (siehe 2. Korinther 11,14).

2.) *Der Engel scheint gut zu sein.* Selbes Lied, zweite Strophe, wie der „Beweis“, den wir gerade angesehen haben (siehe 2. Korinther 11,15). Böse Engel tragen keine schwarzen Hüte und noch weniger tragen sie rote Anzüge und Hörner.

Sie schwenken auch keine Mistgabeln und sie behaupten normalerweise, dass sie uns helfen wollen.

3.) *Der Engel behauptet von Gott oder aus dem Himmel zu kommen.* Selbes Lied, dritte Strophe (siehe Galater 1,8). Die Dämonen sind selten, deren offizielle Postanschrift „Hölle“ lautet.

4.) *Der Engel zitiert die Bibel.* Unglücklicherweise kann auch der Teufel die Schrift zitieren, wenn er die Zitate auch meistens aus dem Zusammenhang reißt (Matthäus 4,6; Lukas 4,9-12).

5.) *Der Engel tut etwas Erstaunliches.* Selbst falsche Propheten machen manchmal zutreffende Voraussagen, doch das ist kein Grund, ihnen zu vertrauen (5. Mose 13,1-5). Genauso gilt, dass ein gelegentliches Wunder noch nicht beweist, dass Gott oder ein Engel dahinterstecken (siehe Matthäus 24,24; 2. Thessalonicher 2,9).

6.) *Der „Engel“ verschwindet auf geheimnisvolle Weise wieder.* In vielen modernen Engelgeschichten scheint dies ein Element zu sein, das häufiger als alle anderen auftaucht. Nach einigen ermunternden oder tröstenden Worten oder tatkräftiger Hilfe scheint der Fremde einfach zu verschwinden. Nicht etwa, dass jemand sich vor den Augen eines anderen in Luft auflöst. In diesen Geschichten „verschwindet“ der hilfsbereite Fremde zumeist während niemand hinsieht. Diejenigen, die von solchen Ereignissen berichten, betonen dann häufig, dass der Fremde (oder sein Wagen oder LKW) so schnell verschwunden war, dass dies nicht auf natürliche Weise erklärt werden kann, bzw. dass sie es hätten bemerken müssen, wenn er auf natürlichem Wege gegangen wäre.

Bei der überwiegenden Zahl solcher Geschichten handelt es sich wahrscheinlich um ehrliche Berichte von Situationen, in denen ein Fremder Hilfe geleistet hat, wobei dieser Fremde jedoch in Wirklichkeit ein Mensch war und kein Engel. Gerade in krisenhaften Situationen kann es uns so vorkommen, als würden die Menschen um uns herum unvermittelt kommen und gehen, weil wir eine verzerrte Wahrnehmung unserer Umwelt haben. Manchmal „verschwinden“ die Fremden auch einfach, weil sie „Gute Samariter“ sind, die sich leise zurückziehen, weil sie keine Aufmerksamkeit erregen wollen. Natürlich kann es sich bei dem ein oder anderen dieser Ereignisse auch um echte Engel gehandelt haben, aber wir würden doch empfehlen, das „schnelle Verschwinden“ nicht als Beweis zu werten.

Beweise, dass es sich *nicht* um einen Engel handelt

Es ist in der Tat leichter, zu beweisen, dass es sich bei einem Bericht über eine Begegnung mit einem Engel *nicht* um einen von Gottes Engeln gehandelt hat, als zu beweisen, *dass* es ein Engel war. Die Bibel liefert uns eine ganze Reihe von negativen Prüfkriterien, die wir auf Engelgeschichten anwenden können. Ein *negatives Prüfkriterium* kann beweisen, dass eine Aussage nicht wahr ist; das heißt, mit Hilfe dieser Kriterien können wir nachweisen, dass es sich nicht um einen guten Engel handelte.

1.) *Engel, deren Botschaften im Widerspruch zur Schrift stehen, sind entweder dämonisch oder bloße Einbildung* (Galater 1,8; 2. Korinther 11,14; 1. Timotheus 4,1; 1. Johannes 4,1). Dieser Test ist am einfachsten anzuwenden und entlarvt einige der bekanntesten Engelberichte der Geschichte als nicht vertrauenswürdig. So berichtete zum Beispiel Mohammed, dass ihm der Engel Gabriel erschienen sei und ihm auftrug, einige Offenbarungen Gottes zu rezitieren, die dann den Koran bildeten, das heilige Buch des Islam. Doch der Koran leugnet, dass Jesus der Sohn Gottes ist und für unsere Sünden starb.

Ähnlich berichtet auch Joseph Smith, dass ein Engel mit Namen Moroni ihm die goldenen Platten gab, die angeblich das Buch Mormon enthielten, was ihn schließlich dahin führte, die Kirche der Mormonen zu gründen. Das Buch Mormon lehrt, dass die Bibel fehlerhaft und eine unzureichende Grundlage für die christliche Lehre sei.

So können wir mit Gewissheit sagen, dass Mohammed und Joseph Smith keinen wahren Engel aus dem Himmel gesehen haben. Bitte beachten Sie aber, dass es nicht ebenso leicht ist, festzustellen, was Mohammed und Joseph Smith denn nun wirklich gesehen haben. Haben sie sich das alles ausgedacht? Haben sie einen Dämon gesehen? Sind sie einer Täuschung erlegen? Schwer zu sagen.

2.) *Engel, die neue Lehren oder neue Praktiken in das Christentum hineinbringen wollen, sind nicht von Gott.* Selbst wenn eine neue Lehre der Schrift nicht direkt zu widersprechen scheint, so sind die Zeiten für neue Lehren jedenfalls vorbei. Gott hat uns im Neuen Testament mitgeteilt, was wir glauben und wie wir leben sollen. Wir haben bereits „den Glauben ..., der ein für alle Mal den Heiligen überliefert ist" (Judas 3). Für die Gemeinde ist die Summe der Offenbarungen, die Jesus Christus durch seine Apostel und Propheten gegeben hat (Epheser 2,20; 3,5) Grundlage der Wahrheit.

3.) *Engel, die zur Anbetung der Engel oder zur intensiven Hingabe an die Engel ermutigen oder sie auch nur erlauben, sind nicht von Gott.* (Kolosser 2,18; Offenbarung 19,10; 22,8-9). Die meisten Engelverehrer streiten natürlich ab, dass sie Engel anbeten. Doch wenn sie täglich mit den Engeln sprechen, über die Engel in einer besonders ehrfürchtigen und bewundernden Weise sprechen, Schreine für die Engel bauen, oder den Engeln auf andere Weise übermäßige oder unangemessene Aufmerksamkeit zukommen lassen, dann beweist solches Verhalten, dass ihre Begegnungen mit Engeln entweder Einbildung oder dämonischer Natur waren.

4.) *Engel, die behaupten, verstorbene Menschen zu sein, sind nicht von Gott.* Dies folgt zwangsläufig aus der Tatsache, dass Engel keine verstorbenen Menschen sind (siehe Kapitel 8).

5.) *Engel, die Nicht-Gläubigen ein Gefühl des Friedens oder geistlicher Sicherheit verleihen, sind nicht von Gott.* Nach der Bibel müssen diejenigen, die noch nicht an Jesus glauben, zu Jesus kommen, um Frieden mit Gott zu haben, um mit Gott versöhnt zu sein (Römer 5,1-11). Selbst wenn ein Engel nichts offensichtlich Falsches sagt, ist er, wenn er in Nicht-Christen ein Gefühl geistlicher Ruhe und Ausgeglichenheit hervorruft, nicht von Gott.

Abgesehen von diesen grundsätzlichen Prüfungen anhand der Bibel können wir oft bestimmen, ob Berichte über Engel nicht vertrauenswürdig sind, wenn wir sie mit dem vergleichen, was wir aus der Bibel über Engel wissen:

1.) *Menschen, die berichten, dass sie bei zahlreichen Gelegenheiten Engel gesehen haben, sind wahrscheinlich einer Täuschung erlegen oder betrügen.* Wie wir gesehen haben, sahen selbst Jesus und andere wichtige Gestalten der Bibel nur bei wenigen Gelegenheiten in ihrem Leben Engel. Einige Autoren von Büchern über Engel behaupten dagegen, sie hätten dutzende oder sogar hunderte Male Engel gesehen.

2.) *Menschen, deren Beschreibungen von Engeln weit über das hinaus gehen, was wir aus der Bibel über sie wissen, sind wahrscheinlich einer Täuschung erlegen oder betrügen.* Nirgendwo in der Bibel wird jemals ein Engel detailliert beschrieben. Doch viele Engelgeschichten heutzutage enthalten Einzelheiten über das Haar und die Augenfarbe, über Größe, Stil und Farbe der Kleidung und besonders auch über das Geschlecht der Engel. Nach unserer Auffassung ist insbesondere bei jeder Geschichte über einen Engel, der eindeutig weiblicher Gestalt war, Vorsicht geboten. Ebenso sollten wir bei Beschreibungen von Engeln, die ihrer Erscheinung nach besonders sinnlich sind, ganz gleich ob männlich oder weiblich, skeptisch sein.

3.) *Menschen, die von langen Unterhaltungen mit Engeln berichten, sind wahrscheinlich betrogen worden oder betrügen andere.* In der Bibel sind die Erscheinungen von Engeln immer nur von kurzer Dauer und so sind auch ihre Botschaften. Daher sollten wir Menschen, die behaupten, Engel hätten sich stundenlang mit ihnen unterhalten oder ihnen seitenweise Material diktiert, nicht vertrauen. Es scheint allerdings unrealistisch, dass jemand, der von solch einer Begegnung berichtet, einen Menschen gesehen hat und ihn für einen Engel hielt. Am wahrscheinlichsten ist es daher, dass der Mensch, der von solcher Art Kommunikation mit einem Engel berichtet, entweder lügt oder einem dämonischen Geist begegnet ist.

Erkennungsmerkmale wahrer Engel

Wann aber haben wir Grund zu der Annahme, dass jemand tatsächlich einem Engel Gottes begegnet ist? Geschichten von Engeln sollten den folgenden Prüfungen standhalten.

1.) *Keine „roten Lichter"*. Geschichten über gute Engel werden den oben aufgelisteten negativen Prüfkriterien standhalten. Sie werden der Schrift weder widersprechen noch ihr etwas hinzufügen oder Engel in einer Weise darstellen, die von der Schrift her nicht nachvollziehbar ist. Umgekehrt dürfen wir schließen, dass Begegnungen, die diese Tests überstehen, weder Betrug durch Dämonen noch das Produkt menschlicher Fantasie sind.

2.) *Auf natürliche Weise nicht zu erklären.* In der Bibel waren die Besuche von Engeln immer zweifelsfrei als solche zu erkennen, spätestens wenn sie zu Ende gingen. Normalerweise stellte sich der Engel auch als Engel vor und sagte oder tat irgendetwas, das natürlicherweise nicht erklärbar ist. Dies ist ein entscheidender Test, um zu bestimmen, ob die fragliche Begegnung eine Begegnung mit einem übernatürlichen Wesen war.

Es ist weder notwendig noch realistisch eine „wissenschaftliche" Bestätigung dafür zu verlangen, dass das betreffende Ereignis natürlicherweise unmöglich war. Engel bleiben nicht stehen und warten, damit Forscher in Laborkitteln ein Experiment unter kontrollierten Bedingungen durchführen können. Und doch wird derjenige, der das Ereignis zu bewerten hat, zu Recht *irgendeinen* Grund erwarten, warum er das Ereignis als übernatürlich ansehen soll. Eine Erfahrung bei der ein Mensch niemanden sieht, jedoch irgendetwas „fühlt" oder in der jemand knapp oder überraschend einem Unfall oder dem Tod entgeht, kann das Werk von Engeln sein, muss es aber nicht. Solange es keinen offensichtlichen Hinweis gibt, dass hier etwas Übernatürliches im Spiel war, ist es am besten, sich mit einem Urteil zurückzuhalten.

3.) *Jesus Christus verherrlichend.* Dieser Test ist unausgesprochen bereits in den negativen Prüfkriterien enthalten. Er ist jedoch zu wichtig, um ihn hier nicht auch noch einmal ausdrücklich zu erwähnen. Geschichten von Engeln sollten keine reinen Lippenbekenntnisse zu Jesus enthalten; sie sollten Jesus als „Christus, den Herrn" (Lukas 2,11) erheben. Engel wollen, dass der Herr die Ehre bekommt (siehe Apostelgeschichte 12,11.17).

4.) *Belegbar.* Viele - wenn nicht die meisten - Engelgeschichten sind unmöglich zu belegen. Es gibt wohl keinen Weg, wie wir mit Sicherheit feststellen können, ob Johnny wirklich einen Engel in seinem Zimmer sah, als er vier Jahre alt und seine geliebte Großmutter gestorben war. (Obwohl wir sicher wissen, dass es nicht die Oma selbst war.) Für Johnny freilich ist diese Erfahrung „belegt", da er sie ja selbst gemacht hat. Andererseits sind einige Elemente aus Engelgeschichten jedoch prinzipiell belegbar. Wenn ein Chirurg berichtet, dass er während einer schwierigen Operation einen Engel im Operationssaal gesehen hat und das Krankenhaus bestätigt, dass der Chirurg die Operation durchgeführt hat und der Patient auf bemerkenswerte Weise überlebte, dann geben solche Informationen einem Bericht ein gutes Maß an Glaubwürdigkeit.

Zusammengefasst: Wenn man Geschichten von Engeln hört, ist es ganz in Ordnung, diesen mit einer gesunden Portion Skepsis zu begegnen. Besteht eine Geschichte jedoch alle vier Tests, die wir gerade aufgeführt haben, dann darf man vernünftigerweise annehmen, dass sie wahr ist. Die meisten Engelgeschichten bestehen jedoch nicht alle vier Tests. Allerdings ist auch eine Geschichte, die den ersten drei Tests standhält (biblisch, auf natürliche Weise nicht zu erklären und Jesus verherrlichend) in hohem Maße glaubwürdig, wenn auch nicht bewiesen. Es kann jedoch nicht schaden, solchen Berichten Glauben zu schenken. Besteht eine Engelgeschichte jedoch schon den ersten Test nicht, dann sollten wir sie umgehend zurückweisen.

Wahrheit:

Manche Engelgeschichten sind glaubwürdig, viele sind es jedoch nicht.

Mythos:

Wir sollten Geschichten über Engel akzeptieren, solange sie nett sind und von Gott und dem Himmel reden.

Teil 4

Der Teufel und seine Engel

Kapitel 17

Ja, den Teufel gibt es wirklich

Der Teufel existiert, aber es macht ihm nichts aus, wenn Sie anderer Meinung sind.

Bis hierher haben wir uns in diesem Buch auf die guten oder heiligen Engel konzentriert, jene geistigen Wesen, die Gott treu ergeben sind. Doch haben wir auch schon wiederholt auf die Existenz von schlechten, bösen Engeln hingewiesen. Wenn wir eine solide, klare Sicht der Engel gewinnen wollen, müssen wir nun auch einige Informationen über diese bösen Engel und ihren Anführer, den Teufel, zusammentragen.

Gibt es den Teufel wirklich? Es überrascht nicht, dass viele Menschen, die hinsichtlich der Existenz guter Engel skeptisch sind, auch dazu neigen, an der Existenz böser Engel zu zweifeln. Mit einigen der Einwände, die Skeptiker gegen die Existenz von Engeln vorbringen, haben wir uns bereits beschäftigt (siehe Kapitel 2). Es gibt jedoch noch zwei weitere Einwände speziell gegen den Glauben an die Existenz des Teufels und seiner Heerscharen, die es wert sind, eingehender betrachtet zu werden.

Der Lückenbüßerteufel

Einen Einwand, der oft vorgebracht wird, könnte man mit dem Stichwort „Lückenbüßerteufel" bezeichnen. Er ist vergleichbar mit dem in dem Ausdruck „Lückenbüßergott" zusammengefassten Argument, das besagt, Gott sei nur eine religiöse Art auszudrücken, dass wir etwas nicht verstehen.

Charles Baudelaire

Die schönste List des Teufels ist, uns zu überzeugen, dass es ihn nicht gibt.

Diesem Argument liegt der Gedanke zugrunde, dass es falsch ist, bei einem natürlichen Phänomen eine übernatürliche Ursache zu unterstellen. Die Menschen machten diesen Fehler zum Beispiel, wenn sie Blitze als Feuer der Götter ansahen oder wenn sie jede Form von Geisteskrankheiten auf Dämonen zurückführten. Die Entschuldigung, „Der Teufel hat mich dazu gebracht", die der Fernsehkomiker Flip Wilson in den 1970er Jahren in den USA zu einem geflügelten Wort machte, ist eine andere Art, wie man diesen Fehler beschreiben kann.

Auf den Einwand vom „Lückenbüßerteufel" antworten wir ähnlich, wie auf das Argument vom „Lückenbüßergott". Die Antwort hat drei Aspekte:

1.) Die Tatsache, dass Menschen dazu geneigt haben, zu viele Dinge auf direktes übernatürliches Eingreifen zurückzuführen, bedeutet nicht, dass es das Übernatürliche nicht gibt. Es beweist nur, dass das Übernatürliche weniger „aufdringlich" ist als die Menschen dachten.

2.) Nach einigen Jahrhunderten, in denen die Bedeutung des Übernatürlichen zurückzugehen schien, hat das Pendel inzwischen wieder begonnen, in die andere Richtung auszuschlagen. Wissenschaftler finden mehr und mehr Hinweise auf Gott als einen übernatürlichen, intelligenten Schöpfer. Diese Hinweise beruhen nicht darauf, dass wir etwas *nicht wissen*, sondern auf vorhandenen Erkenntnissen, angesichts derer ein übernatürlicher Schöpfer *die beste Erklärung* ist.[100] Einige erstaunlich gründliche Untersuchungen haben zudem Belege dafür erbracht, dass auch übernatürliche Mächte existieren, die den Menschen feindlich gesonnen sind. So haben sorgfältige Forschungen zum Beispiel ergeben, dass dämonische Besessenheit ein real existierendes, wenn auch seltenes, Phänomen ist, bei dem eine psychische Erkrankung als natürliche Ursache ausgeschlossen werden kann. Einige dieser Beweise werden wir uns in Kapitel 20 noch genauer ansehen.

3.) Der überzeugendste Hinweis auf die Realität des Übernatürlichen findet sich jedoch nicht in direkten Interventionen aus der unsichtbaren Welt, sondern in der Erkenntnis, dass unsere Wirklichkeit insgesamt eine zusätzliche transzendente oder geistliche Dimension hat.

C. S. Lewis

Es gibt zwei Irrtümer über die Teufel, in die das Menschengeschlecht leicht verfällt. Sie widersprechen sich und haben doch dieselbe Auswirkung. Der eine ist, ihre Existenz überhaupt zu leugnen. Der andere besteht darin, an sie zu glauben und sich in übermäßiger und ungesunder Weise mit ihnen zu beschäftigen. Die Teufel selbst freuen sich über beide Irrtümer gleichmäßig. Sie begrüßen den Materialisten wie den Anhänger der schwarzen Magie mit demselben Vergnügen.[101]

Somit ist der überzeugendste Beleg für die Existenz Gottes nicht in Wundern zu finden (obwohl diese durchaus auch als Beleg herhalten können), sondern in der Tatsache, dass es einen Sinn und ein Ziel in dieser Welt und insbesondere im menschlichen Leben gibt. Die Welt ist nicht bloß ein kosmischer Zufall. Wir Menschen sind zu einem ganz bestimmten Zweck hier und es ist unsere Aufgabe, diesen Zweck herauszufinden und zu erfüllen.

Analog dazu ist es nicht die dämonische Besessenheit, die den überzeugendsten Hinweis auf die Existenz des Teufels liefert (obwohl diese durchaus auch als Beleg herhalten kann), sondern die ansonsten unbegreifliche und unerklärliche Verdorbenheit und Bosheit, die Menschen allzu oft an den Tag legen. „Des Menschen Unmenschlichkeit gegenüber dem Menschen“ bleibt auch nach Jahrhunderten des wissenschaftlichen Fortschritts ein Mysterium. Die Menschheit ist eine Spezies, die zu moralischer Reflexion, großer Selbstlosigkeit und heldenhaften Taten, doch ebenso zu vorsätzlicher, kalkulierter Bosheit fähig ist.[102] In den meisten Fällen kann man das Böse, das wir tun, mit menschlichen Emotionen und Motiven erklären. Doch es bleibt das unangenehme Gefühl, dass wir von Kräften manipuliert werden, die über das hinausgehen, was wir wahrnehmen können und in manchen Fällen ist das Böse, das von Menschen ausgeht, so unfassbar grauenvoll, dass der Verstand sich weigert, es zu erfassen. Ohne damit in irgendeiner Weise die Verantwortung von uns Menschen abwälzen zu wollen, sollten wir die Möglichkeit in Betracht ziehen, dass die Bibel Recht hat und böse übernatürliche Wesen hierbei eine Rolle spielen.

Eine Entwicklung des Teufels?
Wir haben gerade die biblische Lehre über den Teufel erwähnt. Der zweite Einwand gegen den Glauben an den Teufel richtet sich gegen die Verlässlichkeit dieser Lehre. Manche Theologen und Bibelgelehrten halten den Teufel für eine fiktive Gestalt, die erst spät in der Geschichte der Bibel erfunden wurde. Sie erklären uns, dass der Teufel im Alten Testament nur sehr spärlich erwähnt wird und dass die vorhandenen Stellen ihn nicht als den Erzfeind Gottes, sondern als seinen loyalen Diener zeigen.[103]

Michael Green

Zweifel an der Existenz eines unheilvollen Kerns des Bösen finden sich im Allgemeinen nur in christlich geprägten Nationen ... So kann man im Großen und Ganzen sagen, dass es allein im materiell ausgerichteten Christentum der westlichen Welt üblich ist, die Existenz des Teufels zu leugnen.[104]

Es ist wahr, dass das Alte Testament nur wenig über Satan oder Dämonen im Allgemeinen sagt. Doch dafür gibt es einen guten Grund. Die Israeliten waren von einer polytheistisch geprägten Kultur umgeben. Die um sie herum lebenden Völker glaubten an eine Vielzahl von freundlichen und bösartigen Geistern, die alle die ihnen gebührende Aufmerksamkeit in Form von religiösen Ritualen bekommen mussten, wenn man sich keine Schwierigkeiten einhandeln wollte. Die Schreiber des Alten Testaments hätten jedoch ihren Fokus aus den Augen verloren, wären sie auf die Existenz solcher Geister näher eingegangen. Der einzige Geist, dem die Israeliten irgendeine religiöse Verehrung entgegenbringen sollten, war Gott, der Herr. Alle anderen Geister waren dagegen unbedeutend und standen unter seiner Kontrolle. Dennis Kinlaw erklärt:

> *Das Alte Testament erkennt durchaus an, dass es eine Welt der Geister gibt, doch schien man geneigt zu sein, diese klein zu halten, sie zu entmythologisieren und als Randerscheinung darzustellen. Wo immer sie zur Sprache kommt, hat sie ihren Ursprung in Jahwe und ihre Rolle und ihr Herrschaftsbereich sind seiner Souveränität unterworfen. Ein autonomer Herrschaftsbereich, der nicht seiner unmittelbaren Kontrolle unterliegt und die Menschen bedrohen könnte, existiert nicht ... An den weit verbreiteten Druck, sich der Krücken von Magie, Götzendienst oder Okkultismus zu bedienen, um mit den täglichen Ängsten und Sorgen fertig zu werden, wurden keinerlei Zugeständnisse gemacht.*[105]

Somit spielt das Alte Testament die Macht böser Geister zwar herunter, erkennt deren Existenz aber durchaus an. Das Gleiche gilt für den Anführer der bösen Geister.

Der ausführlichste Abschnitt im Alten Testament, in dem es um den Satan geht, ist Hiob, Kapitel 1 und 2, die als Prolog zu dem Buch dienen. Nachdem zunächst Hiob als Gerechter vorgestellt worden ist, wird als nächstes Satan eingeführt und als ein Geist, der „die Erde hin und her durchzogen" hat, beschrieben (Hiob 1,7; 2,2). Er erscheint zusammen mit den „Gottessöhnen" (Hiob 1,6) - ein Ausdruck, der im Alten Testament gelegentlich für Engel verwendet wird - im himmlischen Rat. Die Gelehrten streiten sich darüber, ob Satan hier als ein „vorgeladener" Ankläger auftritt oder sich in böser Absicht selbst eingeschlichen hat. Nach Elaine Pagels ist Satan „ein Mitglied des himmlischen Hofes, Gottes gehorsamer Diener."[105] Diese zunehmend populärer werdende Sicht auf den Satan, wie er in Hiob dargestellt wird, ist jedoch nicht korrekt.

1.) Satan wird klar von den Gottessöhnen abgegrenzt: „Es begab sich aber eines Tages, da die Gottessöhne kamen und vor den HERRN traten, kam auch der Satan unter ihnen." (Hiob 1,6).

2.) Satan und der Herr halten offenbar nicht besonders viel voneinander. Satan unterstellt, dass Hiob Gott nur deshalb fürchtet, weil dieser ihm so viel gegeben hat (Hiob 1,9-11). Wie Sidney Page richtig beobachtet, „will Satan sagen, dass Gott sich irrt, wenn er eine so hohe Meinung von Hiob hat und dass er einen Fehler gemacht hat, als er Hiobs Frömmigkeit mit Wohlstand belohnte."[107] Der Herr seinerseits erklärt Satan später, dass dieser Gott ohne Grund gegen Hiob „aufgereizt" habe (Hiob 2,3 ELB).

3.) Satans Absichten im Hinblick auf Hiob scheinen durchweg böse zu sein. Page führt aus, dass Gott dem Schaden, den Satan anrichten darf, Grenzen setzt, woraus man schließen kann, dass Satan vorhatte, Hiob auf die niederträchtigste Weise zu schaden.[108]

Kurz gesagt verhält sich Satan respektlos gegenüber Gott und feindselig gegenüber Menschen. Die Theorie, dass Satan einfach nur seine Aufgabe erfüllt, entspricht einfach nicht dem uns vorliegenden Text. Vielleicht sollten wir uns Satan am besten als eine Art übernatürlichen „Schmierenanwalt" oder opportunistischen „Prozessjäger" vorstellen - ein Wesen, das nach Menschen Ausschau hält, die es eines Fehltritts anklagen kann. Dieses Bild passt durchaus mit dem zusammen, was wir im restlichen Teil der Bibel über ihn erfahren.

Manche Menschen halten die Theorie, dass der Teufel nur jemand ist, der seine Arbeit macht, für eine ernst zu nehmende Überzeugung. (Zumindest nehmen wir an, sie meinen es ernst!) Die Autoren von *Ask Your Angels* gehen sogar so weit zu behaupten, dass Satan sich für den Job freiwillig gemeldet hat. „Gott suchte nach einem Freiwilligen unter seinen obersten Engeln, der bereit wäre, hinunter auf die Erde zu gehen und den Menschen zu helfen, ihre geistliche Widerstandskraft zu stärken, indem er fortwährend Versuchungen erzeugte. Luzifer hat sich dazu freiwillig gemeldet.“[109] Andrew Ramer, einer der drei Autoren von *Ask Your Angels*, behauptet, Luzifer selbst habe ihm erklärt:

> *Doch der Teufel ist lediglich ein Spiegelträger, ein Repräsentant der Familie der Engel, dessen Aufgabe es ist, dir nicht deine Schönheit, sondern deine Fähigkeit zum Bösen zu offenbaren.... Hitler, Stalin, die anderen Monster deines Jahrhunderts – sie waren keine Werkzeuge des Teufels, sondern Männer, die sich fürchteten, die Wahrheit anzunehmen, die der Teufel ihnen über ihre eigene Persönlichkeit zu zeigen versuchte.*[110]

Nun ja, was würden Sie erwarten, was der Teufel über sich selbst sagt?

Derartige „Offenbarungen“ über den Teufel sind unglaubwürdig, um es einmal vorsichtig auszudrücken. Satans Worte für ein Abbild seiner wahren Absichten und Ziele zu halten (nur einmal angenommen, dass er Ramer tatsächlich ein Interview geben würde), scheint uns der Gipfel der Torheit zu sein. Dem was die Bibel über Satan lehrt kann man hingegen vertrauen, denn es gibt hinreichend Belege, dass Gott selbst die Bibel inspiriert hat.[111] Es gibt keine zuverlässigere – oder nüchternere – Quelle von Informationen über den Teufel.

Wahrheit:

Der Teufel existiert wirklich und ist wirklich böse.

Mythos:

Der Teufel ist eine mythologische Gestalt oder eine Kraft, die uns hilft, uns selbst zu entwickeln.

Kapitel 18

Informationen über den Teufel

Seine Namen, wie er ist, was er kann und nicht kann.

Was lehrt die Bibel über den Teufel? Wie wir sehen werden, beinhalten die Informationen, die wir in der Bibel über den Teufel finden, alles was wir wissen müssen.

Ein Schurke, egal, wie er sich nennt

Der Anführer der rebellierenden Engel tritt unter vielen Namen auf. Die bekanntesten davon sind „Satan" und „der Teufel" und beide bedeuten grundsätzlich dasselbe.

Das Wort *Satan* kommt aus dem Hebräischen und bedeutet so viel wie „Widersacher". Im Alten Testament wird dieses Wort für verschiedene Feinde verwendet, von denen einige menschlicher Natur waren und andere nicht. An drei Stellen bezeichnet das Alte Testament ein ganz bestimmtes übernatürliches Wesen als „den Satan" (Hiob 1-2; Sacharja 3,1-2) bzw. einfach als „Satan" (1. Chronik 21,1 ELB). Er ist, mit anderen Worten, *der* Widersacher, der kosmische Staatsfeind Nr. 1.

Das Wort *Teufel* kommt vom griechischen Wort *diabolos*, von dem sich auch unser Wort „diabolisch" herleitet (was praktisch alles das bezeichnet, was zum Teufel passt). Dieses Wort verwendeten die Juden in ihren griechischen Übersetzungen des Alten Testaments für das hebräische Wort *Satan*. Im Neuen Testament werden beide Wörter für den Erzschurken unter den Engeln verwendet. Wir neigen dazu, „Satan" für den Namen dieses Wesens zu halten und „der Teufel" für eine Art offiziellen Titel. Dennoch bedeuten beide Wörter im

Grunde dasselbe. An keiner Stelle nennt uns die Bibel so etwas wie einen Eigennamen des Teufels. Im Englischen, wie auch im Deutschen, kommt es vor, dass alle gefallenen Engel als „Teufel" bezeichnet werden, doch „der Teufel" ist ihr *Führer.*

Der unheilige Geist

Wie die Engel ganz allgemein, ist auch der Teufel ein Geist, ein ätherisches, immaterielles Wesen. Er ist „der Mächtige, der in der Luft herrscht" (Epheser 2,2). Daher ist es ihm auch möglich, sich „als Engel des Lichts zu verstellen" (2. Korinther 11,14). Satan ist eine Person, wenn man ein solch bösartiges Wesen so bezeichnen will. Die Bibel berichtet davon, dass er im Himmel mit Gott (Hiob 1,6-12; 2,1-6) und mit Jesus in der Wüste spricht (Matthäus 4,1 - 11).

Im Neuen Testament wird Satan häufig auch als „der Böse" bezeichnet (Matthäus 5,37; 6,13; 13,19.38; Johannes 17,15; Epheser 6,16; 2. Thessalonicher 3,3; 1. Johannes 2,13-14; 3,12; 5,18-19). Der Teufel ist eindeutig der Inbegriff und der Urheber des Bösen. Er wird auch „der Versucher" (Matthäus 4,3; 1. Thessalonicher 3,5) und „Vater der Lüge" (Johannes 8,44) genannt. Diese Beschreibungen liefern in Verbindung mit dem Titel Satan/Teufel ein stimmiges Bild seiner Vorgehensweise. Seine Hauptaktivität besteht darin, Menschen zu belügen, um sie so zum Bösen zu verführen.

Der Teufel ist darüber hinaus der Anführer einer Horde böser Geister, die „seine Engel" sind (Matthäus 25,41; Offenbarung 12,9). In den Evangelien und der Apostelgeschichte werden diese Wesen etwa zwanzig Mal als „unreine Geister" und etwa fünfzig Mal als „Dämonen" bezeichnet. Lukas nennt sie zudem auch „böse Geister" (Lukas 7,21; 8,2; Apostelgeschichte 19,11-16). Jesus teilte den unter den Juden seiner Tage verbreiteten Glauben, dass der Teufel, den die Pharisäer Beelzebul nannten, der Herrscher über die Dämonen war (Matthäus 12,24.26-27; Markus 3,22-23.26; Lukas 11,15.18-19). Der Name Beelzebul leitet sich teilweise von dem Namen Baal, einer wichtigen kanaanitischen Gottheit im Alten Testament, her (siehe 2. Könige 1,2-6.16).[112]

Alex Konya

Den Feind zu unterschätzen ist im Kampf ein taktischer Fehler, der unvermeidlich zu einer vernichtenden Niederlage führt.[113]

Aus dem, was die Bibel uns über Satan sagt, können wir einige Rückschlüsse auf seine Fähigkeiten ziehen. So ist offensichtlich, dass der Teufel ein mächtiges und intelligentes Wesen ist. Jesus nannte den Teufel „den Herrscher dieser Welt" (Johannes 12,31; 14,30; 16,11). Der Apostel Paulus bezeichnet ihn einmal als „den Gott dieser Weltzeit", der das Denken der Ungläubigen verblendet hat (2. Korinther 4,4 EÜ)[114] und der Apostel Johannes postuliert, dass „die ganze Welt unter der Macht des Bösen steht" (1. Johannes 5,19 EÜ). Zudem warnt uns Paulus, dass Satan in der Lage ist, augenscheinliche Wunder zu vollbringen (2. Thessalonicher 2,9).

Was auch immer diese Aussagen genau bedeuten, sie zeugen jedenfalls von der Macht, die Satan hat. Genauso sollten wir seine Intelligenz nicht unterschätzen. Satan ist ein Meister darin, die Wahrheit so zu verdrehen, dass sie ausgesprochen vernünftig erscheint. Erinnern wir uns zum Beispiel an Satans geschickten Missbrauch von Psalm 91, als er Jesus versuchte, seine Gottessohnschaft zu beweisen (siehe Kapitel 14). Satan ist der perfekte Täuscher (2. Korinther 2,11; Epheser 6,11) und ein Meister der Verstellung (2. Korinther 11,14).

Dennoch ist es wichtig, sich vor Augen zu halten, dass Satan Gott in keiner Weise ebenbürtig ist - nicht einmal annähernd. Welche Macht auch immer der Teufel haben mag, er hat sie von Gott. Als Satan Hiob treffen wollte, um dessen Glauben zu zerstören, da setzte Gott dem, was Satan Hiob antun konnte, eine Grenze (Hiob 1,12; 2,6). Auch in seinem Wissen ist Satan begrenzt. So weiß er - anders als Gott - nicht, was in unseren Herzen vorgeht (vgl. 1. Könige 8,39). Natürlich kann Satan, wie jeder andere auch, oft eine ziemlich gute Vorstellung davon bekommen, was wir denken oder fühlen, indem er uns einfach genau beobachtet. Schließlich ist Satan auch nicht allgegenwärtig. Nur Gott ist überall zur gleichen Zeit und darum kann auch nur Gott alles, was irgendwo geschieht, gleichzeitig beobachten. Deshalb muss Satan sich für das, was er sieht und tut vielerorts auf seine Engel verlassen.

Daraus folgt, dass Satan nicht im eigentlichen Sinne ein Gott ist. Er ist ein geschaffenes Wesen, begrenzt in seinem Wissen, seiner Intelligenz, seiner Macht und Gegenwärtigkeit. Weder Satan noch seine Dämonen sind von ihrer Natur her Götter (1. Korinther 10,20-21; siehe auch Galater 4,8). Und natürlich ist es in jedem Fall falsch, den Teufel oder irgendeinen der Dämonen anzubeten (Matthäus 4,9-10; Offenbarung 9,20). Sie verdienen weder Ehre noch Respekt von uns.

Wenn Paulus Satan daher den „Gott dieser Weltzeit" (2. Korinther 4,4 EÜ) nennt, dann will er damit keineswegs sagen, dass die Macht, die Satan ausübt, irgendwie rechtmäßig wäre. Ebenso wenig will er sagen, dass die Menschen, die zu diesem Zeitalter gehören, den Teufel im buchstäblichen Sinne anbeten (einige tun dies, sie bilden jedoch die Ausnahme). Vielmehr will Paulus darauf hinaus, dass Satan die Welt in diesem Zeitalter der Sünde und des Todes auf übernatürliche Weise im Griff hat. Indem wir seinen Versuchungen erliegen und seine stolze Verachtung für den Willen des wahren Gottes teilen, erlauben wir es Satan, den Platz Gottes in unserem Leben als Einzelne und als Gemeinschaft an sich zu reißen. Die Folgen davon sind geistige Blindheit und Tod.

Mein Name ist Satan, mein Geschäft sind die Versuchungen

Was tut der Teufel? Seine bei weitem wichtigste Tätigkeit, zumindest insoweit Menschen betroffen sind, ist die Versuchung. Sowohl das Alte als auch das Neue Testament zeigen Satan durchgängig als den Versucher.

Satan war verantwortlich für die erste Versuchung, von der wir in der Bibel lesen. Die „Schlange", die Eva im Garten Eden versuchte, von der verbotenen Frucht zu essen (1. Mose 3,1-7) repräsentierte in gewisser Weise den Teufel. Es stimmt, dass die Schlange im 1. Buch Mose nicht ausdrücklich mit dem Namen Satan genannt wird. Doch war die Schlange in der antiken Welt des Nahen Ostens ein verbreitetes Bild für den Gott der Unterwelt (mit anderen Worten, den Gott des Todes), im Besonderen für weithin verehrte Gottheiten wie Baal und im Allgemeinen für das Chaos.[115]

Das 1. Buch Mose beschreibt die Schlange als das listigste von Gottes Geschöpfen (1. Mose 3,1) und berichtet, dass die Schlange Eva in Versuchung brachte, Gott nicht zu gehorchen (1. Mose 3,4-5). Sowohl der kulturelle Kontext als auch die Besonderheiten dieser Schriftstelle stützen die später in der Bibel gegebene Erklärung, dass die Schlange der Teufel oder doch zumindest ein Instrument des Teufels war (Offenbarung 12,9; 20,2, vgl. 2. Korinther 11,3.14).

Im restlichen Teil des Alten Testaments sehen wir, wie Satan seine Strategie, einen Keil zwischen Gott und die Menschen zu treiben, fortsetzt. Als er Hiob leiden ließ, wollte er ihn damit dazu verleiten, Gott zu fluchen (Hiob 1,11; 2,5). Satan war es auch, der König David dazu verführte, in Israel eine Volkszählung durchzuführen (1. Chronik 21,1), denn offenbar wollte David etwas mehr Gewissheit darüber erlangen, wie stark seine potenzielle Armee war (21,5). Das mag zwar vernünftig klingen, doch erlag David damit Satans Versuchung, sein Vertrauen auf die Stärke einer menschlichen Armee und nicht auf Gott allein zu setzen, wie er es früher auf seinem Lebensweg getan hatte.[116]

Auf den ersten Seiten der Evangelien trug Satan die Versuchung an Jesus heran, nach absoluter Macht zu streben, und dabei Gottes Absichten, die für Jesus sein Leiden und den Tod einschlossen (Matthäus 4,1-11; Markus 1,12-13; Lukas 4,1-13), zu ignorieren. Bei einer späteren Gelegenheit machte Jesus ausdrücklich klar, dass der Gedanke, Jesus sollte nicht um unseretwillen leiden und sterben, geradewegs von Satan stammte (Matthäus 16,21-23).

Sowohl die Briefe des Neuen Testaments (z. B. 1. Korinther 7,5) als auch das Buch der Offenbarung (Offb. 2,10) warnen vor den Verführungen Satans. Auch der Zweck der augenscheinlichen Wunder, die Satan in Szene setzt, besteht nur darin, Menschen dazu zu bringen, eine Lüge anzunehmen (2. Thessalonicher 2, 9-10). Die Offenbarung bezeichnet den Teufel als den „der die ganze Welt verführt" (Offb. 12,9; siehe auch 20,10).

Ironischerweise nehmen viele Menschen die biblische Lehre über die Rolle des Teufels bei der Versuchung und verdrehen sie in eine Entschuldigung für Sünden. Der Teufel kann Sie zwar versuchen, aber der Teufel kann Sie nicht dazu bringen, irgendetwas wirklich zu tun. (Sorry, Flip Wilson!) Vielmehr sprechen Versuchungen, seit wir aus unserer ursprünglichen Unschuld gefallen sind, ganz allgemein unsere eigenen selbstsüchtigen Wünsche und Einstellungen an. Wie Jakobus sagt: „Ein jeder, der versucht wird, wird von seinen eigenen Begierden gereizt und gelockt" (Jakobus 1,14). Dass der Teufel uns zur Sünde verführen will, verringert daher nicht unsere eigene Verantwortung in dieser Frage. Es bleibt immer noch unser Fehler. Mit anderen Worten, was immer der Teufel tut, tut er, um uns in die Irre zu führen. Sein Schlachtplan besteht darin, uns zu verführen, unser Vertrauen in Gott aufzugeben und ihm nicht mehr zu gehorchen. Wann immer wir in Versuchung sind, uns von Gott abzuwenden, hören wir auf eine diabolische Lüge. Das sollte jeder Mensch über den Teufel wissen.

Wahrheit:

Der Teufel ist ein mächtiger, intriganter Lügner, der darauf aus ist, uns zu verführen.

Mythos:

Der Teufel kennt alle unsere Gedanken und ist zu allem in der Lage.

Kapitel 19

Vom Fall des Teufels

Der Teufel ist offenbar ein gefallener Engel, doch wie oder wann er gefallen ist, bleibt ein Geheimnis.

Wie wurde Satan zu Satan, dem Widersacher? Die einzige Antwort, die angesichts der Bibel einen Sinn ergibt, besteht darin, dass Satan ein Engel war, den Gott geschaffen hat, der dann aber gegen Gott rebellierte. Es ist eine fundamentale Wahrheit der Bibel, dass Gott *alles* geschaffen hat, sowohl die sichtbare, physische Welt als auch die unsichtbare, geistige Welt (1. Mose 1,1; Johannes 1,3; Kolosser 1,16). Satan muss demnach eines der geistigen Wesen gewesen sein, die Gott geschaffen hat. Genauso ist es ein Grundsatz biblischer Lehre, dass alles, was Gott geschaffen hat, gut war (1. Mose 1,31; Psalm 104,24; 1. Timotheus 4,4). Daraus folgt logischerweise, dass Satan irgendwann gegen Gott rebelliert haben muss und die Unschuld verlor, in der er geschaffen worden war.

Seltsamerweise spricht die Bibel nirgendwo direkt über den Fall Satans. So sehr dieses Mysterium auch unsere Fantasie anreizen mag, hat der Herr doch beschlossen, uns nicht zu offenbaren, wie Satan gefallen ist. Vielleicht würden wir es nicht verstehen, vielleicht sind wir aber auch einfach noch nicht bereit zu erfahren, was geschehen ist.

König von Babylon – der Morgenstern?

Viele Menschen glauben, dass Satans Fall in zwei poetischen Abschnitten im Alten Testament beschrieben ist. Den ersten finden wir in Jesaja 14, wo Jesaja eine vernichtende Prophetie „gegen den König von Babel" ausspricht (Jesaja 14,4). In der Prophetie geht es darum, dass Gott das Szepter des Königs zerbrechen will, das dieser benutzt hat, um die Völker zu unterdrücken (Verse 5-6). Die Erde jubelt bei seiner Demütigung und die Bewohner des Scheol, des Totenreichs, sehen aufgeregt dem Tag entgegen, da der König zu ihnen stoßen wird (Verse 7-11). Danach sagt Jesaja:

> *Wie bist du vom Himmel gefallen, du Glanzstern, Sohn der Morgenröte! Wie bist du zu Boden geschmettert, Überwältiger der Nationen! Und du, du sagtest in deinem Herzen: „Zum Himmel will ich hinaufsteigen, hoch über den Sternen Gottes meinen Thron aufrichten und mich niedersetzen auf den Versammlungsberg im äußersten Norden. Ich will hinaufsteigen auf Wolkenhöhen, dem Höchsten mich gleichmachen." Doch in den Scheol wirst du hinabgestürzt, in die tiefste Grube. Die dich sehen, betrachten dich, sehen dich genau an: „Ist das der Mann, der die Erde erbeben ließ ... (Jesaja 14,12-16 ELB)*

Traditionell haben Christen diese Prophetie häufig so verstanden, dass sie über den menschlichen König von Babylon hinaus auf den Teufel bezogen ist. Und in der Tat leitet sich sogar einer seiner bekanntesten Namen aus dieser Schriftstelle ab. In der lateinischen Bibelübersetzung Vulgata wird das hebräische Wort *helel*, was „Leuchtender" oder „Stern" bedeutet (Vers 12), mit „Luzifer" übersetzt, eine Übersetzung, die sich auch heute noch in einigen Bibelausgaben findet. Lesen wir die Verse 12-15 jedoch in ihrem Kontext, dann sieht man, dass sie sich, wie auch der Rest der Prophetie, sehr wohl auf den menschlichen König von Babylon beziehen (Verse 4-21).

Jesaja richtet diese Prophetie direkt an den König von Babylon oder Babel (Jesaja 14,4), den er ausdrücklich als einen „Mann" bezeichnet (Vers 16). Allerdings bedient sich diese Prophetie auch bei Symbolen der heidnischen Mythologie, um den Sturz des Königs und den Verlust seiner Macht zu beschreiben. So gibt es zum Beispiel in einem kanaanitischen Mythos einen Gott mit Namen Athtar (was etwa „Sohn der Dämmerung“ oder „Morgenstern“ bedeutet), der auf Baals Thron vom Zaphon, einem heiligen Berg des Nordens, herrschen wollte.

Es gibt somit zwei Arten, wie die meisten zeitgenössischen Gelehrten diese Prophetie interpretieren. Einige argumentieren, dass sich die gesamte Prophetie ausschließlich auf den menschlichen König bezieht und für diese Zeit typische religiöse Bilder verwendet, um seinen Niedergang zu beschreiben. Wenn das stimmt, ist es der König, der hier „Morgenstern“ (Vers 12) genannt wird, wobei der Begriff dann nur eine Metapher ist, die ihn als jemanden beschreibt, der hell, doch nur für kurze Zeit, leuchtet.[117] Andere hingegen argumentieren, die hier verwendeten religiösen Bilder würden darauf hin deuten, dass der Machtverlust dieses menschlichen Königs nur ein irdisches Bild für ein geistiges Ereignis ist, nämlich den Sturz eines himmlischen Wesens. Falls dies zutreffen sollte, billigt Jesaja mit diesem Text nicht die regionalen heidnischen Mythen, sondern verwendet sie, um mit ihrer Hilfe zu vermitteln, dass hinter dem kommenden Niedergang von Israels menschlichen Feinden der Niedergang ihrer noch mächtigeren geistigen Feinde steht.[118] Doch auch wenn dieser Ansatz richtig sein sollte, folgt daraus nicht, dass Jesaja hier auf „Luzifers“ *ursprünglichen* Fall aus seinem Stand der Schuldlosigkeit vor Gott anspielt. Wahrscheinlicher ist, dass er damit seinen zukünftigen und endgültigen Untergang verkünden will.[119]

König von Tyrus – der Cherub, der gefallen ist?

Eine ähnliche Frage stellt sich bei Hesekiel, Kapitel 28, einer weiteren Prophetie, in der es um den Sturz eines heidnischen Königs und Feindes Israels geht, in diesem Fall den König von Tyrus. Das Kapitel enthält genau genommen zwei prophetische Botschaften – oder Weissagungen – gegen ihn. Die erste richtet sich an den Fürsten von Tyrus (Vers 2):

> *Weil sich dein Herz erhoben hat und du gesagt hast: »Ich bin ein Gott und sitze auf einem Götterthron mitten im Meer«, da du doch nur ein Mensch*

> *und kein Gott bist ... durch deine große Weisheit und deinen Handel hast du deinen Reichtum gemehrt, und wegen deines Reichtums hat sich dein Herz überhoben ... darum, siehe, will ich Fremde über dich bringen, die Gewalttätigsten der Völker ... In die Grube werden sie dich hinabstoßen, und du wirst den Tod eines Erschlagenen sterben mitten im Meer! Wirst du dann angesichts deiner Mörder auch noch sagen: »Ich bin Gott«, da du doch ein Mensch und nicht Gott bist, in der Hand derer, die dich durchbohren?*
> *(Hesekiel 28,2-9 SCHL)*

In dieser ersten Prophetie ist der Führer von Tyrus eindeutig ein menschlicher Herrscher, auch wenn er sich selbst arroganterweise für einen Gott hält. Zweimal erwähnt Hesekiel ausdrücklich, dass der Herrscher ein „Mensch" ist. Ein Mensch, der offenbar durch seinen Handel so reich wurde, dass er ziemlich von sich eingenommen war!

Doch die zweite Weissagung scheint von Beginn an über den menschlichen König hinaus zu deuten:

> *O du Siegel der Vollendung, voller Weisheit und vollkommener Schönheit! In Eden, im Garten Gottes warst du ... Du warst ein gesalbter, schützender Cherub, ja, ich hatte dich dazu eingesetzt; du warst auf dem heiligen Berg Gottes, und du wandeltest mitten unter den feurigen Steinen. Du warst vollkommen in deinen Wegen vom Tag deiner Erschaffung an, bis Sünde in dir gefunden wurde. Durch deine vielen Handelsgeschäfte ist dein Inneres mit Frevel erfüllt worden, und du hast gesündigt. Darum habe ich dich von dem Berg Gottes verstoßen und dich, du schützender Cherub, aus der Mitte der feurigen Steine vertilgt. Dein Herz hat sich überhoben wegen deiner Schönheit; du hast deine Weisheit um deines Glanzes willen verderbt ... Mit deinen vielen Mis-*

> *setaten, durch die Ungerechtigkeit deines Handels, hast du deine Heiligtümer entweiht;*
> *(Hesekiel 28,12-13a.14-16.18a SCHL)*

Doch auch hier ist der menschliche Herrscher oder „König von Tyrus“ (Hesekiel 28,12) immer noch Gegenstand der Prophetie. Das geht aus dem Hinweis auf seine ungerechten Handelspraktiken hervor (Vers 18), die auch in der ersten Weissagung als die Quelle des Wohlstands des Königs genannt werden. Dieser König wird als jemand beschrieben, der ursprünglich weise, schön und vollkommen in seinen Wegen war und der im Garten Eden lebte. Damit läge ein Vergleich mit dem Fall Adams viel näher als ein Vergleich mit Satan.[120] Was Bibelausleger in der Vergangenheit dazu bewogen hat, diesen König dennoch mit Satan gleichzusetzen, ist die Tatsache, dass der hebräische Text ihn als einen „Cherub“ zu bezeichnen scheint (Verse 14 und 16). In der Septuaginta, einer alten griechischen Übersetzung des Alten Testaments, heißt es jedoch, dass er „*bei* dem schützenden Cherub“ war (Vers 14) und dass dieser Cherub ihn aus der Mitte der feurigen Steine herausgeführt hat (Vers 16). Heute gehen die meisten Bibelgelehrten davon aus, dass dies die ursprüngliche Aussage des hebräischen Textes ist und die Septuaginta diese korrekt wiedergibt. Die Einheitsübersetzung beispielsweise übersetzt diese Aussage so: „Einem Kerub mit ausgebreiteten, schützenden Flügeln gesellte ich dich bei … aus der Mitte der feurigen Steine hat dich der schützende Kerub verjagt.“[121]

Grundsätzlich sollten wir festhalten, dass man weder bei Jesaja 14 noch bei Hesekiel 28 eindeutig belegen kann, dass vom Fall Satans aus seinem ursprünglichen Stand der Schuldlosigkeit die Rede ist. Wir können allerdings mutmaßen, dass die Gründe für Satans Fall denen ähnlich sind, die auch für die Könige von Tyrus und Babylon galten: Arroganz und Stolz und im Besonderen der Wunsch, wie Gott zu sein oder selber als Gott verehrt zu werden. Eine solche Interpretation scheint auch deshalb sinnvoll, weil die Schlange Adam und Eva im Garten Eden genau damit versucht hat, „wie Gott“ zu werden.

Der Tag an dem der Teufel fiel

So wenig, wie wir wissen *wie* der Teufel zum kosmischen Rebellen wurde, so wenig können wir sagen, *wann* das geschah. Wohl können wir aus 1. Mose 3,1-7 mit einiger Sicherheit schließen, dass sich dies noch vor dem Fall des Menschen ereignete, doch das ist auch schon alles, was wir an Information haben. Wie 1. Mose 1,31 sagt, sah Gott alles, was er gemacht hatte, als „sehr gut“ an, woraus man schließen könnte, dass Satan zu diesem Zeitpunkt noch nicht zu dem bösen Wesen geworden war, als das wir ihn kennen. Es ist allerdings ebenso möglich, dass sich 1. Mose 1,31 nur auf die physische Schöpfung bezieht (auch weil in 1. Mose 1 die Erschaffung der Engel und anderer geistiger Wesen gar nicht erwähnt wird). Einige Theologen haben spekuliert, Satan wurde womöglich eifersüchtig auf die Menschen, da Gott sie nach seinem Bild erschaffen und dazu eingesetzt hatte, über die Schöpfung zu herrschen (1. Mose 1,26-28). Das wäre zwar denkbar, doch gibt es keine Möglichkeit, das zu beweisen.

Eine andere Theorie, die gewöhnlich als „Lückentheorie“ oder „Restitutionslehre“ bezeichnet wird, geht davon aus, dass Satan bereits vor dem Schöpfungswerk, das in 1. Mose 1,3-31 beschrieben wird, gefallen ist. Nach dieser Theorie gab es eine ursprüngliche Schöpfung, die durch Satans Rebellion vernichtet wurde (1,1-2) und die in Kapitel 1,3-31 beschriebenen Ereignisse waren in Wirklichkeit nur eine Wiederherstellung der Schöpfung zu einem guten, doch nicht vollkommenen, Zustand.

Die Lückentheorie hat einige sehr fähige Befürworter[122] und doch gibt es ein paar schlagende Argumente, sie abzulehnen. 1. Mose 1 endet mit einem sehr positiven Gesamteindruck, der darauf hinausläuft, dass alles, was Gott gemacht hatte, „sehr gut“ war. Ein solch positives Gesamtbild würde man nicht erwarten, wenn die Erde ein nur teilweise wiederhergestelltes geistliches Kriegsgebiet wäre. In 1. Mose 1 fehlt es an jeglichem Hinweis auf eine kosmische Rebellion oder einen übernatürlichen Feind, vielmehr wird Gottes Werk dort mit ausgesprochen beschaulichen und friedvollen Begriffen beschrieben. Ohne jede erkennbare Anstrengung spricht Gott und es geschieht: Licht und Dunkel trennen sich, Meer und trockenes Land trennen sich, Pflanzen kommen hervor, Tiere bevölkern die Erde und schließlich, nachdem dies alles geschehen ist, macht Gott den Menschen. Auch gibt Gott Adam und Eva den Auftrag, über die Flora und die Fauna zu herrschen (1,26-28), nicht über den Teufel und seine Dämonen. Sollte 1. Mose 1 tatsächlich die Vorbereitung der Erde und der Menschheit auf einen geistlichen Krieg beschreiben, so geschieht dies jedenfalls in sehr verschlüsselter Weise.

Das wichtigste Argument für die Lückentheorie besteht darin, dass der Zustand der Erde als „wüst und leer" beschrieben wird (1,2), während die Bibel an anderer Stelle abstreitet, dass Gott die Erde in diesem Zustand erschaffen hat (Jesaja 45,18). Diese Tatsache heben die Befürworter dieser Theorie immer wieder hervor und sehen sie als Beweis dafür an, dass 1. Mose 1,2 eine Beschreibung der Schöpfung in einem zerstörten Zustand sein muss. Jesaja 45,18 kann jedoch ebenso ganz einfach nur bedeuten, dass Gott sein Werk mit dem frühen Stadium der Schöpfung nicht eingestellt und die Schöpfung ungeformt und leer gelassen hat, sondern sein schöpferisches Werk fortsetzte, bis alles „sehr gut" war. Somit könnte 1. Mose 1,2 schlicht ein ursprüngliches oder frühes Stadium einer im Aufbau befindlichen Schöpfung beschreiben.

Die Belege für die Lückentheorie sind somit zu dürftig, als dass sie Grundlage für gesicherte Schlussfolgerungen hinsichtlich des Falles Satans oder der Art des geistlichen „Krieges", in dem wir uns befinden, sein könnten.[123] Dass wir uns geistlich im Krieg befinden, ist klar, dass Gott uns jedoch als Soldaten in einem geistlichen Krieg, der schon in vollem Gange war, geschaffen hat, ist bestenfalls Spekulation.

Wahrheit:

Der Teufel ist ein Geschöpf, das gegen Gott rebelliert hat.

Mythos:

Wir können wissen, wann, wie und warum der Teufel gefallen ist.

Kapitel 20

Kriegsgeläut

Es ist an der Zeit,
beim Thema geistlicher Kampf Fakten von Fiktion zu trennen.

„Geistlicher Kampf" ist unter Christen ein heißes Thema, seit Frank Peretti 1986 (in Deutschland 1990 Anm. d. Übers.) seinen Bestsellerroman *Die Finsternis dieser Welt* veröffentlicht hat.[124] Zugleich begründete Peretti mit seinem Buch einen weiteren populären Trend, der uns bis heute erhalten geblieben ist: christliche Thriller wie die Serie *Finale – Die letzten Tage der Erde*.[125] Und genau so sehen viele Menschen heute den geistlichen Kampf: als ein aufregendes, packendes Abenteuer.

Manchmal ist er das auch. Doch genau wie zum Krieg auf der physischen Ebene lange Zeiten von Training, Aufmarsch, Inspektion und einfach Warten gehören – manches davon unaufregend bis zum Überdruss – so ist auch der geistliche Kampf nur bei seltenen Gelegenheiten wirklich spannend. Doch diese aufregenden Momente im geistlichen Krieg können zugleich auch die gefährlichsten sein.

Der Feind

Wenn wir verstehen wollen, welcher Art der geistliche Krieg ist, der sich in unserer Welt abspielt, dann müssen wir zunächst den Feind kennen. Die klassische Aussage in der Schrift zu diesem Thema ist eine Anmerkung, die Paulus gegenüber den Christen in Ephesus machte (und von der Peretti den Titel seines ersten Buches übernommen hat): „Denn unser Kampf richtet sich nicht gegen Fleisch und Blut, sondern gegen die Herrschaften, gegen die Gewalten, gegen die Weltbeherrscher der Finsternis dieser Weltzeit, gegen die geistlichen Mächte der Bosheit in den himmlischen Regionen." (Epheser 6,12 SCHL).

Einigen der Begriffe, die Paulus hier verwendet, sind wir schon früher begegnet, als wir uns das mittelalterliche System der Engelhierarchien angesehen haben (siehe Kap. 12). Hier sehen wir, dass diese „Herrschaften" und „Gewalten" eben keine hoch gestellten Engel im Himmel sind, sondern „Weltbeherrscher der Finsternis" und „geistliche Mächte der Bosheit".

Ein weiteres, modernes Missverständnis bezüglich dieser Mächte liegt darin, in ihnen die „Strukturen" des menschlichen Daseins - wie soziale, wirtschaftliche und politische Institutionen und Systeme - zu sehen. Eine einflussreiche Variante dieser Sichtweise, die von Walter Wink entwickelt wurde, sieht in den Mächten den „inneren Geist" oder die geistige Kraft solcher öffentlichen Strukturen oder Institutionen.[126] Wie Clinton Arnold treffend ausführt, entspricht diese durchaus kreative Interpretation ganz einfach nicht dem kulturellen und religiösen Kontext, in dem Paulus und andere Autoren der Bibel diese Begriffe verwendet haben. Wichtige jüdische und heidnisch-griechische Werke dieser Zeit bezeichneten jedenfalls mit den Begriffen Herrscher, Gewalten, Mächte und Throne Engel und geistige Wesen. Diese geistigen Herrscher übten zwar Einfluss auf menschliche Institutionen aus, doch sie waren keinesfalls bloße Symbole für diese öffentlichen Strukturen.[127]

Wir sollten in dem was Paulus hier sagt, die Aussage, dass sich „unser Kampf nicht gegen Fleisch und Blut" richtet, nicht übersehen. Die offensichtliche Bedeutung ist, dass wir im geistlichen Kampf keinerlei Erfolge erzielen werden, indem wir andere Menschen angreifen. Doch geht es hier noch um etwas anderes, etwas, das die meisten von uns auf den ersten Blick übersehen. Häufig hört man von Kritikern des Christentums den Vorwurf, Christen würden dazu neigen, andere Menschen zu „dämonisieren". Das heißt, viele von uns hätten die Angewohnheit, Menschen aus anderen Religionen, anderen Kulturen, anderen politischen Richtungen oder sogar Christen aus anderen Denominationen oder theologischen Denkrichtungen als „dämonisch“ oder „vom Teufel“ zu bezeichnen. Damit würden wir oft einen geistlichen Kampf konstruieren, der schließlich in einen geistlichen Streit zwischen *uns* (den wahren Christen) und *denen* (den Irrlehrern, Liberalen, Muslimen, New Agern usw.) mündete.

In gewisser Weise steckt hierin natürlich auch ein Funken Wahrheit, denn falsche Religionen, Irrlehren und andere zerstörerische Irrtümer sind in der Tat dämonische Lügen (z. B. 1. Korinther 10,20; 2. Korinther 11,3-4; 1. Timotheus 4,1); einige Menschen sind tatsächlich für den Willen des Teufels gefangen genommen worden (1. Timotheus 5,15; 2. Timotheus 2,26); und manche Menschen sind wirklich, wie der Teufel, intrigante, betrügerische Gegner des Christentums (Epheser 4,14; 2. Timotheus 4,14-15). Die Bibel lehrt uns jedoch nicht, irgendjemanden außerhalb des christlichen Glaubens (und schon gar nicht irgendjemanden außerhalb unserer speziellen Denomination oder theologischen Tradition) als unseren geistlichen Feind anzusehen.

Wie so viele von uns, bevor wir zu Christus kamen, brauchen auch sie unsere Hilfe, unser Wohlwollen und unsere Liebe. Wir sollten den Menschen, die den Herrn noch nicht kennen, mit einer Botschaft geistlicher Befreiung begegnen. Zugleich müssen wir eingestehen, dass auch wir selbst manchmal „dem Teufel Raum geben“ (Epheser 4,27) und dann auf eine Weise denken und handeln, die eher dämonisch als göttlich ist. Manchmal sind *wir selbst* das Problem.

Die Ziele des Feindes

Sie werden sich vielleicht fragen: Was genau hoffen Satan und seine dämonischen Mächte eigentlich zu erreichen? Was für einen Gewinn könnten sie möglicherweise davontragen, und wie kann der Teufel ernsthaft annehmen, dass er mit seiner Rebellion gegen den allmächtigen Gott am Ende Erfolg haben wird?

So wie die Schrift uns keine Auskunft darüber gibt, wie, warum oder wann Satan gefallen ist, erfahren wir auch nicht, was er zu erreichen hofft, indem er seine Rebellion fortsetzt. Eine Vermutung geht dahin, dass Satan versucht, so viele

Menschen wie möglich auf seinen Weg zu bringen, weil er glaubt, dass er so am Ende genügend Unterstützung hat, sodass Gott auf seine Forderungen eingehen muss. Vielleicht denkt er – wie der Teufel in George Bernard Shaws Theaterstück *Mensch und Übermensch* es sinngemäß ausdrückt – dass er „auf lange Sicht durch das schiere Gewicht der öffentlichen Meinung gewinnen wird".[128]

Wahrscheinlicher ist jedoch, dass der Teufel und seine Heerscharen einfach nur wütend bis zum Wahnsinn sind. Womöglich schlagen sie nur in blindem Hass gegen Gott und Verachtung für die Menschheit um sich und versuchen, wie der Dieb, von dem Jesus sprach, zu „rauben, morden und zerstören" (Johannes 10,10 NLÜ), wo sie nur können. Der Apostel Petrus beschreibt den Teufel als jemanden, „der herumgeht, wie ein brüllender Löwe und sucht, wen er verschlingen kann" (1. Petrus 5,8). So bedeutet jede zerstörte Seele für den Teufel vielleicht nicht mehr als seine nächste Mahlzeit.

> Jede zerstörte Seele bedeutet für den Teufel vielleicht nicht mehr als seine nächste Mahlzeit.

Völlig klar wird aus der Schrift jedoch, dass diese Mächte des Bösen in ihrem Widerstand gegen Gott absolut unbeirrbar sind. Sie sind entschlossen, alles was gut ist zu pervertieren, alles Edle zu verderben und alles Heilige zu entweihen. Satan und seine Dämonen sind darauf aus, Gottes Volk und Gottes Ansehen so viel Schaden wie möglich zuzufügen, ganz gleich, was die Konsequenzen sein mögen. Sie sind das absolute Netzwerk von Terroristen.

Die Taktiken des Feindes

Die Mächte der Finsternis beschreiten im Kampf gegen die Menschheit eine verwirrende Vielzahl von Wegen. Wir wollen uns nun die wichtigsten Arten dämonischer Aktivitäten ansehen und beginnen dazu mit der am weitesten verbreiteten.

1.) *Versuchung.* In Kapitel 18 haben wir gezeigt, dass die Hauptstrategie des Satans darin besteht, Menschen dazu zu verführen, Gott zu misstrauen und ihm nicht mehr zu gehorchen. Dabei haben sich drei klassische Wege herauskristallisiert, die Satan beschreitet, um Christen zu verführen. Der Apostel Johannes nannte diese drei Wege, auf denen Versuchungen an uns herangetragen werden, „die Begierde des Fleisches, die Begierde der Augen und der Hochmut des Lebens“ (1. Johannes 2,16 ELB). Sowohl im Garten Eden, als er Eva versuchte (1. Mose 3,6), als auch in der Wüste, wo er Jesus versuchte (Matthäus 4,1-11), appellierte Satan auf diesen drei Ebenen an das fehlgeleitete Verlangen der Menschen.

Das erste fehlgeleitete Verlangen, „die Begierde des Fleisches“, ist das Verlangen nach körperlicher Bequemlichkeit und Vergnügen, kurz gesagt: *Hedonismus.* Einer der Gründe, warum Eva sich entschlossen hatte, von der verbotenen Frucht zu essen, lag darin, dass sie sah „dass von dem Baum gut zu essen wäre“ (1. Mose 3,6). Es war nicht etwa so, dass Eva hungrig oder die Nahrung knapp gewesen wäre, da sie ja von jedem anderen Baum in dem Garten ohne Weiteres essen konnte (1. Mose 2,16; 3,2). Die Frucht war verlockend, weil sie schmackhaft aussah. Seien wir realistisch: Anders würde Verführung auch nie funktionieren. Oder wann waren Sie zuletzt in Versuchung, einen Beutel mit Rosenkohl zu stehlen?

Eva gab der Begierde des Fleisches nach, Jesus tat das nicht. Dabei war Jesus sogar *tatsächlich* hungrig, nachdem er vierzig Tage lang gefastet hatte (Lukas 4,2). Nach vierzig Tagen scheinen einem sogar Steine eine annehmbare Speise zu sein und der Teufel versuchte Jesus, Steine in Brot zu verwandeln (4,3). Doch es ist nicht Gottes Art, leblose Steine in Brot zu verwandeln; das wäre reine Magie und nicht ein Wunder. So entschied Jesus sich, die Treue gegenüber Gottes Wegen über seine persönlichen Bedürfnisse zu stellen.

Das zweite fehlgeleitete Verlangen, „die Begierde der Augen“, ist das Verlangen, alles zu bekommen, was man sieht, mit anderen Worten: *Materialismus.* Eva wollte die verbotene Frucht nicht nur, weil sie schmackhaft schien, sondern auch, weil sie nett anzusehen war: Sie sah, „dass er eine Lust für die Augen wäre“. Dem Mädchen, das (fast) alles hatte, wurde das Verlangen, alles zu bekommen, was ihr gefiel, zur Falle.

Satan versuchte Jesus mit einem materialistisch motivierten Bestreben, dem bereits viele Menschen nachgegeben haben, oft für den Preis ihres eigenen Untergangs. Der Teufel „zeigte ihm alle Reiche der Welt in einem Augenblick" und bot an, sie Jesus als Gegenleistung für dessen Anbetung zu geben (Lukas 4,5-7). Solch ein Angebot wäre sicher sehr verlockend gewesen, selbst für Jesus, hätte es ihm doch ermöglicht, die Leiden und den Tod, die Gottes Weg zur Errichtung seines Königreichs waren, zu umgehen. Doch auch diesmal entschloss sich Jesus, Gott zu ehren, was natürlich bedeutete dem Teufel jegliche Ehre zu verweigern.

Das dritte fehlgeleitete Verlangen, „der Hochmut des Lebens", ist das Verlangen, sich selbst zu erhöhen, sich überlegen und unabhängig zu fühlen, mit anderen Worten: *Egoismus*. Ein Teil der Versuchung für Eva bestand darin, dass der Baum „verlockend (war), weil er klug machte". Eva hoffte, dadurch eigene Weisheit zu erlangen, die unabhängig von ihrem Schöpfer war und sogar im Widerspruch zu ihm stand. Ironischerweise traf Eva (und nach ihr auch Adam) genau damit die dümmste Entscheidung in der Geschichte der Menschheit. Es ist nicht verkehrt, nach Weisheit zu streben, aber es ist ganz und gar verkehrt, Weisheit genau an dem einen Ort zu suchen, den Gott verboten hat. Evas wirkliches Problem bestand daher nicht darin, dass sie nach Weisheit strebte, sondern dass sie Gott auf die Probe stellen wollte.

Satan konfrontierte auch Jesus mit der Versuchung, Gott auf die Probe zu stellen, wenn auch auf eine andere Art, nämlich als er ihn herausforderte „von der Zinne des Tempels" zu springen. Würde Gott sein Versprechen wirklich einlösen, Engel zu senden, um ihn vor allem Übel zu bewahren (Lukas 4,9-11)? Diese Herausforderung sollte Jesus in Versuchung bringen, „einmal alles zu zeigen" und sich selbst durch eine solche Demonstration vor aller Welt groß zu machen. Doch auch diesmal widerstand Jesus der Versuchung des Teufels.

Allen diesen Versuchungen ist eines gemeinsam: Sie sollen Verlangen und Wünsche, die grundsätzlich in Ordnung sind, in Haltungen des Misstrauens gegenüber Gott verkehren. Es ist nichts Falsches daran, wenn man Essen, Erfüllung und Bestätigung sucht. Wir alle brauchen das. Falsch ist jedoch, die Mittel und Wege zu ignorieren, die Gott gegeben hat, damit diese Bedürfnisse auf eine angemessene Weise befriedigt werden können. Einer der beliebtesten Tricks des Teufels besteht darin, uns dahin zu bringen, den Einsatz falscher Mittel mit guten Absichten und Zielen rechtfertigen zu wollen (vgl. Römer 3,8).

2.) *Bedrängnis.* Einer der einfachsten Wege, mit denen der Teufel versucht, Menschen dahin zu bringen, Gott nicht mehr zu vertrauen, besteht darin, sie leiden zu lassen. Die Bibel schreibt keineswegs jedes Leid dem Teufel zu, zeigt andererseits aber auch, dass manches Leid eine Form von Schikane durch die Mächte der Finsternis ist. Wie wir bei Hiob lesen, war Satan auf irgendeine Weise dafür verantwortlich, dass Hiob sein Vermögen und seine Familienmitglieder verlor und auch körperlich Schaden nahm (Hiob 1,12; 2,6-7). Lukas berichtet von einer Frau in der Synagoge, „die seit achtzehn Jahren einen Geist hatte, der sie krank machte" (Lukas 13,11). So wie Lukas hier formuliert, können wir schließen, dass manche Krankheit, wenn auch nicht jede (nicht einmal die meisten), von bösen Geistern verursacht wird. Jesus bestätigte mit seinen eigenen Worten, dass die Frau jemand war, „die der Satan schon achtzehn Jahre gebunden hatte" (Lukas 13,16). Ähnlich führte Paulus eine körperliche Erkrankung, unter der er persönlich litt, sein so genannter „Pfahl im Fleisch", auf „des Satans Engel" zurück (2. Korinther 12,7).

Manche Christen leiten aus diesen Schriftstellen ab, wir könnten uns durch geistliche Kampfführung selbst von körperlichen Leiden befreien, indem wir das Leiden als dämonisch verursacht erkennen und im Namen Jesu Befreiung von dem Leiden fordern. Das ist schlicht falsch. Hiob wusste offensichtlich nicht einmal, dass Satan etwas mit seinem Leiden zu tun hatte. Die Frau in der Synagoge hat der Herr geheilt, den Apostel Paulus jedoch nicht. Wir sollten stattdessen aus der Schrift lernen, dass wir Gott vertrauen können, ganz gleich, worauf unsere Bedrängnis oder unsere Schwierigkeiten zurückzuführen sind, und ganz gleich, wie das Ergebnis sein wird. Hiob hat seine Lektion gelernt und danach hat Gott ihn geheilt (Hiob 42,10), doch Paulus lernte seine Lektion gerade dadurch, dass Gott ihn *nicht* heilte (2. Korinther 12,8-10).

3.) *Dämonische Besessenheit.* In extremen Fällen kann ein Mensch von einem Dämon „besessen" sein, sodass der Dämon die Kontrolle über diesen Menschen übernimmt und letztendlich sowohl den Verstand als auch den Körper beherrscht. Der Ausdruck besagt jedoch nicht, der Dämon würde den Menschen besitzen, der von ihm „besessen" ist. Hier geht es um Beherrschung und Kontrolle, nicht um Eigentum.[129] Das Neue Testament spricht davon, dass solche Menschen „dämonisiert" sind (*daimonizomai*) oder „einen Dämon haben" (bzw. einen „unreinen Geist"). Im Gegensatz zu einer verbreiteten Ansicht unter modernen Bibelkritikern betrachteten die Schreiber des Neuen Testaments nicht alle Krankheiten - nicht einmal alle Krankheiten, die durch Störungen im Gehirn hervorgerufen wurden - als Fälle von Dämonisierung. Die Schreiber der Evangelien unterscheiden sehr wohl zwischen Kranken und Dämonisierten (Matthäus 8,16; 10,8; Markus 1,32.34; 6,13; Lukas 8,2; 9,1; 13,32; Apostelgeschichte 5,16) und im Besonderen Matthäus unterscheidet sogar zwischen „Besessenen" und „Mondsüchtigen" (LUT u. a.) bzw. „Epileptikern" (NLÜ) (Matthäus 4,24).

Die besonderen Fälle von Dämonisierung in den Evangelien schließen typischerweise Zeichen unfreiwilligen Verhaltens ein, das heißt, die dämonisierten Menschen tun Dinge, die sie von sich aus nicht tun würden. In einem Fall lebte ein dämonisierter Mann unbekleidet bei den Gräbern, war extrem gewalttätig und so kräftig, dass er nicht festgehalten oder angekettet werden konnte. Der „unreine Geist" sprach durch diesen Mann und bezeichnete sich selbst als eine „Legion" von Dämonen, nannte Jesus sogar den Sohn Gottes und bat darum, in eine Herde von Schweinen gesandt zu werden (Markus 5,1-20; Lukas 8,26-36; siehe auch Matthäus 8,28-33). In einem anderen Fall kannte ein Mann mit einem „unreinen Geist" Jesus mit Namen, sobald er ihn sah, und als Jesus den Geist hinauswarf, zwang dieser den Mann zu heftigen Zuckungen und schrie laut, bevor er herauskam (Markus 1,23-26).

Wie diese Geschichten zeigen, erkannten die Dämonen Jesus normalerweise auf den ersten Blick und wussten, wer er war (siehe auch Markus 1,34; 3,11; Lukas 4,33-35.41). In einem anderen Fall warf ein Junge, dessen Vater ihn als „mondsüchtig" bezeichnete (*sel niazetai*, ein Ausdruck, der gewöhnlich für Menschen mit epileptischen Symptomen gebraucht wird), sich wiederholt selbst ins Feuer oder ins Wasser, was auf die Anwesenheit eines bösartigen Dämons hindeutet (Matthäus 17,14-18; Markus 9,17-27; Lukas 9,38-42).

In zwei Fällen erfahren wir über die dämonisierten Personen nicht mehr, als dass sie stumm (Matthäus 9,32-33; Lukas 11,14) oder blind und stumm (Matthäus 12,22) waren. Doch kurz bevor Matthäus von dem stummen dämonisierten Mann berichtet, beschreibt er wie Jesus zwei blinde Männer, die zu ihm kamen und um Heilung baten, einfach heilte (Matthäus 9,27-31; siehe auch 20,29-34). Matthäus, Markus und Lukas unterscheiden deutlich zwischen jenen, die blind, taub oder stumm sind, weil sie einen Dämon haben, und jenen, die aufgrund von Krankheit oder eines Geburtsfehlers unter diesen Symptomen leiden (Matthäus 15,30-31; 21,14; Markus 7,32-37; 8,22-25; 9,25; 10,46-52; Lukas 7,21-22; 18,35-43).

Insofern offenbaren die Evangelien keineswegs rückständiges, abergläubisches Denken, wenn sie einige Menschen als von Dämonen besessen bezeichnen. Im Gegenteil verwenden sie diese Beschreibung sehr sparsam und nüchtern. Im Übrigen ist die allgemeine Auffassung, die medizinische Wissenschaft und im Besonderen die Psychiatrie hätten Erklärungen gefunden, die widerlegen, dass es so etwas wie dämonische Besessenheit gibt, schlicht falsch. Allerdings gibt es im Hinblick auf die Symptome sicherlich *Überschneidungen* zwischen dämonischer Besessenheit und medizinischen oder psychiatrischen Fehlfunktionen. Mit anderen Worten: Manche Fälle von Besessenheit sind anhand ihrer erkennbaren Symptome schwer von natürlich verursachten, psychiatrischen Fehlfunktionen zu unterscheiden. In anderen Fällen gibt es jedoch deutliche und klar benennbare Unterschiede zwischen Fällen von dämonischer Besessenheit und jeder anderen auf biologischen Zusammenhängen basierenden Diagnose.[130]

Die Bibel erklärt uns nicht, wie es dazu kommen kann, dass manche Menschen von Dämonen besessen werden. Einer Erklärung am nächsten kommt vielleicht noch die metaphorische Anmerkung, die Jesus einmal machte, als er einen dämonisierten Menschen mit einem leeren Haus verglich, in das die Dämonen einziehen (Matthäus 12,43- 45; Lukas 11,24-26). Daraus folgt, dass jeder Mensch, dessen „Haus" nicht bereits vom Heiligen Geist besetzt ist, in Gefahr ist, von Dämonen besessen zu werden. Da jedoch die meisten Nicht-Christen nicht von Dämonen besessen sind, ist es wahrscheinlich, dass andere Faktoren, wie zum Beispiel eine intensive Beschäftigung mit dem Okkulten, gewisse Menschen besonders empfänglich für den Einzug von Dämonen machen. Die Dämonen wiederum mögen vielleicht ihrerseits gar kein so großes Interesse daran haben, jeden Menschen zu besetzen, den sie besetzen könnten. Besessenheit bedeutet schließlich unter anderem, dass ein Dämon seine gesamte Energie ausschließlich auf eine einzige Person konzentrieren muss und sie lenkt die Aufmerksamkeit der Menschen in besonderem Maße auf die Welt der Dämonen - beides mag nicht immer unbedingt im Interesse des Teufels sein. Schließlich sollten wir uns noch davor hüten, zu unterstellen, dass von Dämonen besessene Menschen sich in jedem Fall selbst in diesen Zustand gebracht haben.

Ist ein Mensch jedoch erst einmal dämonisiert, dann ist er nicht mehr in der Lage, sich selbst zu helfen. Während die meisten der Kranken, die Jesus geheilt hat, ihn selbst um die Heilung baten, kam kein einziger Dämonisierter jemals zu Jesus und bat um Hilfe. Stattdessen brachte eine nahestehende Person oder ein Freund den dämonisierten Menschen zu Jesus oder Jesus begegnete der Person einfach und trieb den Dämon aus eigener Initiative aus. Nie verlangte Jesus von einem von Dämonen besessenen Menschen, dass er in irgendeiner Form seinen Glauben zum Ausdruck bringen sollte;

faktisch hatten diese Menschen keinerlei Beitrag zur Austreibung des Dämons zu leisten.

Diesen einfachen Punkt zu berücksichtigen, kann uns vor einer Menge Unsinn bewahren, der bezüglich so genannter „Befreiungsdienste" in Umlauf ist. Halten wir zunächst nur fest, dass es auch heute von Dämonen besessene Menschen gibt und dass Christus die Gemeinde berufen und ihr die Autorität gegeben hat, Dämonen aus solchen Personen auszutreiben. Allerdings bedienen fast alle Befreiungsdienste eine breite Anhängerschaft von Christen, die irrtümlich glauben, sie könnten alle möglichen Arten von persönlichen Schwierigkeiten loswerden, indem sie den damit verbundenen Dämon austreiben lassen.

Ein berüchtigtes Beispiel für schlechte Lehre über „Befreiung" ist das Buch *Pigs in the Parlor: A Practical Guide to Deliverance* von Frank (und Ida Mae) Hammond. Nach Hammond braucht jeder Mensch Befreiung. Er schreibt: „Mir persönlich sind noch keine Ausnahmen begegnet."[131] Obwohl er einräumt, dass „wir nicht alle Schuld an unseren Problemen auf Satan und seine Dämonen schieben können", behauptet er doch, dass „wir sie für weit mehr verantwortlich machen können, als uns bislang bewusst war."[132]

Eine Durchsicht der dreiseitigen Liste mit fast dreihundert verschiedenen Dämonen gegen Ende des Buches vermittelt einen Eindruck davon, was für einen großen Teil unserer persönlichen Schwierigkeiten Hammond den Dämonen zuschreibt. Die Liste umfasst unter anderem solche verbreiteten menschlichen Schwächen wie Missgunst, Halsstarrigkeit, Zankereien, Nörgelei, Neid, die Neigung Dinge aufzuschieben, Stolz, Selbstgerechtigkeit, Gier und Tratsch. Jeder Kult und jede Religion hat nach Hammond seinen eigenen Dämon oder sogar mehrere Dämonen. (Um es noch einmal zu betonen, Dämonen haben sicherlich ursprünglich bei der Gründung und Inspiration von Kulten und falschen Religionen mitgewirkt, zumindest insofern sie Menschen dazu verführt haben, Gott und seinem Wort zu misstrauen. Hammond behauptet allerdings, dass jeder, der zu einer dieser Religionen gehört, von einem Dämon besessen ist.) Auf der

Liste finden sich außerdem auch Schüchternheit, Tagträumereien, Entmutigung, Kopfschmerzen, verlangsamte Entwicklung, Vergesslichkeit, Herzschmerzen, Verlegenheit, Frigidität und (Huch!) Intellektualismus.[133] Wir nehmen an, dass Hammond bei uns beiden wohl den letztgenannten Dämon diagnostizieren würde. Ignoranz und Dummheit sind allerdings interessanterweise nicht in die Liste aufgenommen worden.

Besonders beunruhigend ist Hammonds Lehre über Dämonen und Kinder. Er unterstellt, die meisten Dämonen würden schon vor der Geburt oder im Kleinkindalter in einen Menschen eindringen. So ist er der Ansicht, dass die meisten adoptierten Kinder „einen Geist der Ablehnung haben werden". Selbst ein Stofftier in Gestalt eines Frosches könnte in der Welt Hammonds Dämonen anziehen.[134]

Wir würden uns gar nicht die Mühe machen, uns mit einem Buch wie *Pigs in the Parlor* auseinanderzusetzen, wenn es im Genre der Literatur über Befreiungsdienst nicht zu den einflussreicheren Handbüchern gehören würde. Diese Tatsache allein illustriert, wie dringend die Gemeinde nüchterne, vernünftige biblische Lehre über Dämonen braucht.

WAHRHEIT:

Auch heute noch werden Menschen von Dämonen versucht und geplagt – Christen nicht ausgenommen.

MYTHOS:

Jeder Mensch hat Dämonen.

Kapitel 21

D-Day: Der Tag, an dem der Teufel besiegt wurde

Der Teufel wurde schon vor zweitausend Jahren erledigt, auch wenn er das noch nicht wahrhaben will.

Am 6. Juni 1944 begannen die Streitkräfte unter dem Kommando von General Dwight D. Eisenhower ihre Invasion im von den Nazis besetzten Europa. Mehr als 5.000 Schiffe und 11.000 Flugzeuge brachten Truppen, Panzer, Bomben und Fallschirmjäger von England aus nach Süden über den Ärmelkanal. Über 150.000 Soldaten strömten auf die Strände der Normandie oder sprangen über französischen Dörfern mit dem Fallschirm ab. Die Offensive war erfolgreich, doch der Sieg kostete einen ungeheuer hohen Preis. An jenem Tag starben am Omaha Beach[135] mehr als 4.000 Männer der Alliierten, viele von ihnen noch junge Soldaten.

Der Ausdruck D-Day war ursprünglich die allgemein verwendete Bezeichnung für den ersten Tag eines geplanten Angriffs (dabei stand „D" einfach für „day" (zu Deutsch: Tag)), doch der 6. Juni 1944 wird für immer *der* D-Day bleiben. Die erfolgreiche Invasion in der Normandie legte den Grundstein für den endgültigen Sieg über Hitler und die Achsenmächte. Doch war der Krieg damit noch nicht zu Ende. Erst fast ein Jahr später, am 8. Mai 1945, bekannt als VE-Day (VE steht für „Victory in Europe" - „Sieg in Europa"), sollte Deutschland kapitulieren. Wiederum drei Monate später, am 6. August 1945, dem VJ-Day (Victory in Japan - Sieg in Japan) kapitulierte schließlich auch Japan. Zwischen dem D-Day und dem

VE-Day lagen einige der schrecklichsten Schlachten und der höchsten Verluste des gesamten 2. Weltkriegs.

Ein geistlicher D-Day

Was hat dies alles nun mit dem Teufel zu tun? Der deutsche Theologe Oscar Cullmann (1902-1999) lehrte nach Ausbruch des 2. Weltkriegs in der Schweiz und später, nach Ende des Krieges, dann auch in Paris und Rom. Cullmann war es, der den D-Day für eine der berühmtesten Illustrationen in der Geschichte der Theologie verwendete. Er verglich Tod und Auferstehung von Jesus mit dem D-Day und die Erfüllung aller Dinge am Ende der Geschichte mit dem VE-Day. Als Jesus starb und wieder auferstand, hat er zweifellos den Teufel besiegt. Doch bis jetzt hat der Teufel noch nicht kapituliert und darum ist der Krieg noch nicht vorbei. Doch eines Tages wird Jesus Satan und seine Armee von Dämonen vollständig überwunden haben. Dieser Tag wird wie der VE-Day sein.

In der Zwischenzeit leben wir in jener schwierigen Zeit zwischen Christi Tod und Auferstehung und dem endgültigen Sieg über Satan. Obwohl der Sieg „bereits jetzt" sicher ist, ist das Ende des Krieges „noch nicht" da und der geistliche Kampf tobt in mancher Hinsicht intensiver als je zuvor. Somit leben wir in einer spannungsvollen Zeit, in der der Sieg in einer Hinsicht „bereits jetzt" und in anderer Hinsicht „noch nicht" ist.

Eine Revision rabbinischer Theologie im Lichte der Auferstehung

In der Bibel finden wir genau dieses „bereits jetzt - noch nicht" im Hinblick auf die Niederlage des Teufels. Besonders die Schriften von Paulus sind eine reiche Quelle zu diesem Thema, obwohl die Vorstellung durchaus auch in den anderen Teilen des Neuen Testaments zu finden ist.

Bevor Jesus auf die Erde kam, haben die Rabbiner die Geschichte im Allgemeinen sauber in zwei Zeitalter eingeteilt: das gegenwärtige Zeitalter und das zukünftige Zeitalter. Das gegenwärtige Zeitalter ist geprägt von Sünde, Unterdrückung und Tod unter der Vorherrschaft des Teufels; das zukünftige

Zeitalter wird das Zeitalter von Gerechtigkeit, Frieden und Leben im Königreich Gottes unter der Herrschaft des Messias sein. Das Kommen des Messias, so lehrten die Rabbiner, würde den Beginn dieses neuen Zeitalters markieren.

Als der Messias dann jedoch in der Gestalt von Jesus kam, da entsprach er keineswegs den Vorstellungen, die sich die Rabbiner vom Messias gemacht hatten. Jesus führte eben keine mächtige Armee gegen die Römer, so wie Eisenhower neunzehn Jahrhunderte später die alliierten Streitkräfte gegen die Nazis versammelte.

Oscar Cullmann

Dieses Ereignis am Kreuz war, zusammen mit der darauf folgenden Auferstehung, die bereits vollzogene Entscheidungsschlacht.[136]

Gerade das Gegenteil war der Fall: Die Römer setzten Jesus schwer zu und verurteilten ihn zu einem grauenvollen Tod am Kreuz. Konnte man so den Krieg gegen den Teufel gewinnen? Jesu Tod zerstörte auch die Hoffnungen seiner Anhänger, er würde der Messias sein. Da verwundert es nicht, dass einige Tage später zwei dieser Anhänger - ohne zu wissen, mit wem sie da sprachen - bemerkten: „Wir hatten gehofft, dass er der sein würde, der Israel erlöst" (Lukas 24,21).

Doch der Glaube dieser beiden Männer, wie auch von einer größeren Zahl von Jesu Anhängern, wurde noch am selben Tag zu neuem Leben erweckt. Der Mann, mit dem sie sprachen, war Jesus selbst! Sie hatten zwar gehört, dass einige von den Frauen unter den Anhängern von Jesus ihn an diesem Morgen gesehen hatten, doch hatten sie diese Geschichte als Unsinn abgetan (Lukas 24,10-11.22-24). Nun hatte sich Jesus ihnen selbst offenbart und seine Erklärungen aus den Schriften des Alten Testaments gipfelten in der Frage: „Musste nicht Christus dies erleiden und in seine Herrlichkeit eingehen?" (Vers 26).

Ja, der Messias sollte der glorreiche König sein, der schließlich alle Mächte des Bösen besiegen würde. Jedoch, würde der Messias einfach alles Böse vom Angesicht der Erde hinwegfegen - keiner von uns bliebe übrig. Vor seinem Kommen, um die Bösen zu richten, kam Jesus in Gnade, um uns von unserer eigenen Bosheit zu retten, sodass wir nicht das gleiche Schicksal würden erleiden müssen wie die Übrigen.

Etwa zwei Jahre nachdem Jesus auferstanden war begann ein junger rabbinischer Student mit Namen Saulus einen Ein-Mann-Krieg. Saul betrachtete die christliche Botschaft, dass Jesus der Messias sei, als einen Angriff auf das Judentum und erhielt die Erlaubnis, in Damaskus die Christen zu verfolgen und ins Gefängnis zu stecken. Doch auf dem Weg nach Damaskus erschien Jesus dem Saulus, offenbarte sich ihm als Messias und erklärte Saulus, dass er berufen war, die Botschaft zu den Menschen anderer Völker zu bringen (Apostelgeschichte 9,1-19). Schon bald ging Saulus unter seinem römischen Namen Paulus hin und verkündete die Botschaft von Jesus den Menschen im ganzen Römischen Reich.

Paulus erkannte, dass er seine rabbinische Theologie in Teilen überdenken musste angesichts der Tatsache, dass Jesus, der Messias, nach seiner Auferstehung in den Himmel aufgefahren war und dem Bösen in der Welt kein sofortiges Ende bereitet hatte. Die einfache Lehre der Rabbiner von den zwei Zeitaltern wich im Denken des Paulus der Vorstellung, dass diese beiden Zeitalter sich *überlappten.* Das gegenwärtige Zeitalter und das zukünftige Zeitalter waren nicht säuberlich durch ein einziges Ereignis voneinander abgegrenzt; stattdessen überlagern sie sich und das zukünftige Zeitalter bricht nur schrittweise an. Dieses Zeitalter ist wie die Nacht und das zukünftige Zeitalter wie der Tag - und der Tag ist nahe (Römer 13,11-12). Obwohl der Tag noch nicht angebrochen ist, sollen wir uns bereits so verhalten, als ob es Tag wäre (13,13).

Für diese Überlappung gibt es einen guten Grund. Während der Zeitspanne zwischen unserem geistlichen D-Day (dem Kreuz) und dem VE-Day (Christus kehrt zurück) beabsichtigt Gott viele Menschen aus dem Reich des Satans heraus und in sein eigenes Reich hinein zu bringen. Als Jesus dem Paulus erschien, erklärte er dem Apostel, dass er ihn zu den Heiden senden würde, um „ihre Augen zu öffnen, dass sie sich bekehren von der Finsternis zum Licht und von der Macht des Satans zu Gott, damit sie Vergebung der Sünden empfangen" (Apostelgeschichte 28,16 ELB). Bevor er seine Feinde im Gericht endgültig besiegt, ruft Gott die Menschen auf, *die Seiten zu wechseln.*

> Die grundsätzliche Frage zwischen Gott und Ihnen ist nicht, ob Sie ein netter Mensch sind, sondern ob Sie auf seiner Seite stehen.

Er bietet uns an, die Sünden zu vergeben, sodass wir nicht länger Feinde von Gottes Reich, sondern vielmehr dessen loyale Bürger sind.

Für diejenigen, die an Jesus glauben, betrachtet Gott diesen Wechsel zwischen den Reichen als eine vollzogene Tatsache. Wie Paulus einer Gemeinde schrieb: „Er hat uns errettet von der Macht der Finsternis und hat uns versetzt in das Reich seines lieben Sohnes, in dem wir die Erlösung haben, nämlich die Vergebung der Sünden" (Kolosser 1,13-14). In dieser Hinsicht ist das Reich des Christus als Folge seines Todes am Kreuz bereits jetzt da.

Bereits jetzt - noch nicht

Obwohl wir nicht mehr zum Reich des Bösen gehören, leben wir immer noch in dessen Grenzen. Obwohl Christus „sich selbst für unsere Sünden gegeben hat, damit er uns herausrette aus dem gegenwärtigen bösen Weltlauf" (Galater 1,4 SCHL), leben wir noch immer in diesem Zeitalter, das verdorben und unter der Herrschaft des Satans, dem „Gott dieser Weltzeit" (2. Korinther 4,4 SCHL), ist. Wir müssen uns deshalb bemühen „nicht gleichförmig dieser Welt" zu werden (Römer 12,2 ELB). Darin gleichen wir jenen tapferen Deutschen, die mit den Alliierten zusammenarbeiteten, um von innen heraus mitzuhelfen, Hitlers Drittes Reich zu Fall zu bringen.

Mit dem Tod seines Sohnes am Kreuz bereitete Gott dem Teufel und seinen Armeen eine demütigende Niederlage. Paulus geht so weit zu sagen, dass Gott dadurch „die Gewalten und die Mächte völlig entwaffnet" und sie „öffentlich zur Schau gestellt" hat. „In ihm hat er den Triumph über sie gehalten" (Kolosser 2,15). Dennoch ist der Teufel noch nicht verschwunden und wir Christen müssen immer noch vor Satan auf der Hut sein, der uns dazu verführen will, so zu leben, als würden wir immer noch seinen Anweisungen folgen (1. Korinther 7,5; 2. Korinther 2,11; Epheser 4,27; 6,11; 1. Timotheus 3,7).

Es wird jedoch ein Tag kommen, an dem der Teufel nicht mehr wird kämpfen können. Am Ende wird Christus „alle Herrschaft und alle Macht und Gewalt vernichtet" haben (1. Korinther 15,24). Gegenwärtig herrscht er als ein König in einer Zeit des geistlichen Krieges und wird in diesem Kampf fortfahren, bis „er alle Feinde unter seine Füße gelegt hat" (Vers 25 ELB). Der Teufel wird entthront, der Tod wird nicht mehr sein und Gottes Herrschaft wird nicht mehr infrage gestellt werden (Verse 26-28).

Jetzt ist die Zeit, sich für eine Seite zu entscheiden. Jeder von uns, vom frömmsten und moralischsten Menschen bis zum völlig unreligiösen und weltlich eingestellten, ist grundsätzlich erst einmal Parteimitglied. Nicht jeder in Nazi-Deutschland trug eine Uniform, doch jeder musste sich an einem bestimmten Punkt entscheiden, ob er Hitler Gefolgschaft schwören oder sich dem Widerstand anschließen wollte. Die grundsätzliche Frage zwischen Gott und Ihnen ist nicht, ob Sie ein netter Mensch sind, sondern ob Sie auf seiner Seite stehen. Gott hat den ersten Schritt getan, denn „Gott erweist seine Liebe zu uns darin, dass Christus für uns gestorben ist, als wir noch Sünder waren" (Römer 5,8). Es ist erstaunlich, dass Gott „als wir noch Feinde waren" die Initiative ergriff, uns mit sich selbst „durch den Tod seines Sohnes" zu versöhnen (Vers 10). Er agiert immer noch „hinter den Linien des Feindes" um Menschen aus allen Religionen, Rassen und Nationen in das Reich seines geliebten Sohnes zu bringen.

Wie Jesus sagt, ist jedes Mal „Freude vor den Engeln Gottes“ (Lukas 15,10 ELB), wenn ein Mensch sich vom Herrschaftsbereich der Finsternis abwendet und in das Reich Gottes kommt. Auch Sie können den Engeln Gottes Freude bereiten. Sorgen Sie dafür, dass Sie auf der Seite Gottes sind und vertrauen Sie Jesus als Ihrem Oberkommandierenden, um das Böse in Ihrem eigenen Leben zu überwinden. Dann leben Sie jeden Tag als ein Mitglied „des Widerstandes“ (auch bekannt als die Gemeinde) und kämpfen Sie gegen das Böse mit der Wahrheit der guten Botschaft, dass Christus den Frieden bringt (Epheser 6,14-17).

Sie werden den Engeln einen großartigen Tag bereiten.

Literaturempfehlungen

Die meisten Menschen brauchen nicht Dutzende von Büchern über Engel und Dämonen zu lesen. Wenn dieses Buch Ihnen jedoch Appetit auf mehr gemacht hat, dann finden Sie hier zehn Bücher, von denen wir glauben, dass sie es wert sind, ihnen Ihre Zeit zu widmen.

Arnold, Clinton E. **Three Crucial Questions about Spiritual Warfare.** Grand Rapids, Baker, 1997. Eine detaillierte und informative Untersuchung durch einen Bibelgelehrten, der sich auf das, was Paulus über die Mächte der Finsternis lehrte, spezialisiert hat.

Garrett, Duane. **Angels and the New Spirituality.** Nashville, Broadman & Holman, 1995. Hilfreiche Untersuchung der aktuellen Lehren über Engel im Lichte der Bibel.

Graham, Billy. **Engel: Gottes Geheimagenten.** Eines der besseren Bücher über Engel.

Graves, Robert W. **The Gospel according to Angels.** Grand Rapids, Chosen, 1998. Gute Abhandlung, die sich nicht auf die Engel selber konzentriert, sondern darauf, was sie uns über Gott, den Menschen, die Bibel und insbesondere Jesus lehren.

Guiley, Rosemary Ellen. **Encyclopedia of Angels.** New York, Facts on File, 1996. Nützliches Nachschlagewerk.

Kreeft, Peter. **Angels (and Demons): What Do We Really Know about Them?** San Francisco, Ignatius, 1995. Gute Einführung in das katholische Denken über Engel.

Lewis, C. S. **Dienstanweisungen an einen Unterteufel.** Freiburg, Herder. Unterhaltsame Satire, in der ein älterer Teufel Briefe mit Anweisungen (und mancher Zurechtweisung) an einen jüngeren Teufel schreibt.

Montgomery, John Warwick, Hrsg., **Demon Possession,** Minneapolis, Bethany, 1973. Eine ältere Sammlung von Aufsätzen zu diesem Thema, von denen einige brillant sind.

Page, Sidney H. T. **Powers of Evil,** Grand Rapids, Baker, 1995. Ausgezeichnete, gelehrte Abhandlung darüber, was die Bibel über Satan und andere böse Geister lehrt.

Rhodes, Ron. **Angels Among Us,** Eugene OR, Harvest House, 1994. Eines der besten Bücher für Laien zu diesem Thema.

Fussnoten

1 David Keck, *Angels and Angelology in the Middle Ages*, New York, Oxford Univ. Press, 1998, S. 6, 29 und 52. Kecks Werk befasst sich ausführlich mit Bonaventura.

2 Gustav Davidson, *A Dictionary of Angels: Including Fallen Angels*, New York, Free Press, 1967, S. 111-112; Timothy Jones, *Celebration of Angels*, Carmel, NY, Guideposts, 1994, S. 175

3 Keck, *a. a. O.*, S. 11, 34-35

4 Mortimer J. Adler, *The Angels and Us*, New York, Macmillan, 1982, S. 101

5 Ein Mythos, den manche „Experten" immer noch verbreiten; so zum Beispiel Alma Daniel, Timothy Willie und Andrew Ramer in *Frag deine Engel*, (5. Auflage, Frankfurt, Zweitausendeins, 1994). Offenbar weiß niemand so genau, wer diese Behauptung, dass mittelalterliche Theologen über Engel, die auf dem Kopf einer Stecknadel tanzen (in einer anderen Version, der Spitze einer Nadel) diskutierten, zuerst aufbrachte. Keck (*Angels and Angelology*, S. 74 und 109) schreibt diese Behauptung Rabelais (ca. 1490-1553) zu, einem französischen Arzt und ehemaligen Franziskanermönch, der für seine Angriffe auf die mittelalterliche Theologie im Besonderen und seinen obszönen Stil im Allgemeinen bekannt war. Die meisten Gelehrten datieren den Ursprung dieses Mythos jedoch auf nicht früher als Mitte des 17. Jahrhunderts.

6 Johannes Calvin, *Institutio Christianae Religionis* (Unterricht in der christlichen Religion), nach der letzten Ausgabe übers. u. bearb. v. Otto Weber, Buch 1.14.4

7 Adler, *a. a. O.*, S. 17

8 Malcolm Godwin, *Engel: Eine bedrohte Art*, Frankfurt, Zweitausendeins,1991

9 Sophy Burnham, *Engel: unsere unsichtbaren Begleiter*, Zürich/Düsseldorf, Orbis, 1990

10 Stephen F. Noll: „Thinking about Angels" in *The Unseen World: Christian Reflections on Angels, Demons, and the Heavenly Realm*, Hrsg. Anthony N. S. Lane, Carlisle: Paternoster/Grand Rapids: Baker, 1996, S. 2

11 James R. Lewis und Evelyn Dorothy Oliver, *Angels A to Z*, Hrsg. Kelle S. Sisung, Detroit, Gale, 1996, xiii

12 Deutscher Titel: Ein Hauch von Himmel, Serienstart in Deutschland 1995 (Anm. d. Übers.)

13 „Beliefs: Trinity, Satan", Barna Research Online Archives, www.barna.org, Stand 21.5.2003

14 Terry Lynn Taylor, *Answers from the Angels: A Book of Angel Letters*, Tiburon CA, Kramer, 1993, S. xiv-xv

15 Philosophen bezeichnen Aussagen, die Unsinn sind, weil sie sich selbst widersprechen als selbstwiderlegend oder Antinomie. Für eine einfache Darstellung dieses Konzepts und zahlreiche Beispiele siehe Kenneth D. Boa und Robert M. Bowman Jr.: *Macht es Sinn, an Gott zu glauben? - Argumente für die Existenz Gottes*, Hamburg, Fliss, 2007, S. 22-23

16 Taylor, *a. a. O.*, S. 27

17 Karen Goldman, *Angel Encounters: True Stories of Divine Intervention*, New York, Simon & Schuster, 1995, S. 17

18 Karl Barth, *Kirchliche Dogmatik*, Band 3 Die Lehre von der Schöpfung, Teilband 3, Zöllikon b. Zürich, 1954

19 Umfangreiche Buchreihe, begründet in den 1950er Jahren, in der die für das Denken der westlichen Welt wichtigsten Werke der Literatur sowie der Geistes- und Naturwissenschaften aus der gesamten Menschheitsgeschichte herausgegeben wurden. (Anm. d. Übers.)

20 Adler, *The Angels and Us*, S. 42

21 Boa und Bowman, *Macht es Sinn, an Gott zu glauben?*, insbesondere Kapitel 3-8

22 Siehe z. B. Gary R. Habermas und J. P. Moreland, *Beyond Death - Exploring the Evidence for Immortality*, Westchester IL, Crossway, 1998

23 Siehe J. P. Moreland und Scott Rae, *Body and Soul - Human Nature and the Crisis in Ethics*, Downers Grove, IL,

InterVarsity Press, 2000. Es hat gute Gründe, dass wir nun zweimal hintereinander Bücher zitiert haben, bei denen Moreland Mitautor ist. Er ist wahrscheinlich der wichtigste zeitgenössische christliche Philosoph, der über das Thema Seele schreibt.

24 Robert H. Kirven, *Deine Engel - Wer sind sie? Was tun sie?*, Zürich, Swedenborg, 1996

25 Siehe die Beiträge zu diesen und anderen angeblich übernatürlichen oder mystischen Wesen in Lewis und Oliver, *Angels A-Z*

26 Alma Daniel, Timothy Wyllie, Andrew Ramer, *Frag deine Engel*, 5. Auflage, Frankfurt, Zweitausendeins, 1994, S. 173 der engl. Ausgabe

27 Jay Stevenson, *The Complete Idiot's Guide to Angels*, New York, Macmillan, 1999, S. 371

28 Billy Graham, *Engel - Gottes Geheimagenten*, Holzgerlingen, Hänssler, 2002

29 Boa und Bowman, *Macht es Sinn, an Gott zu glauben?*, insbesondere Kapitel 9-12

30 Hierbei schließen wir die apokryphen oder deuterokanonischen Bücher aus, unter denen sich auch das Buch Tobit befindet, in dem der Engel Raphael vorkommt. (Siehe dazu Kapitel 13)

31 Karl Barth, *Kirchliche Dogmatik*, Band 3 Die Lehre von der Schöpfung, Teilband 3, Zöllikon b. Zürich, 1954

32 Siehe Boa und Bowman, *a. a, O.*, Kapitel 11

33 Siehe Boa und Bowman, *a. a. O.*, Kapitel 16-17

34 Zitiert in Jones, *Celebration of Angels*, Seite 74

35 „Countdown to the Landing" auf *www.serve.com/unarius/landing/index.html* Stand 30.12.2003

36 DeForest Kelly als Dr. McCoy in der Star Trek Folge 2-25 „Brot und Spiele" (In der deutschen Synchronisation stark verändert, daher hier nach dem amerik. Original wiedergegeben - Anm. d. Übers.)

37 Das Urantia Buch, Schrift 26, 1.1. - online einsehbar auf http://www.urantia.org/de/das-urantia-buch/schrift-26-die-dienenden-geiste-des-zentraluniversums (Stand 15. Juni 2010)

38 Geddes MacGregor, *Angels - Ministers of Grace*, New York, Paragon, 1988, S. 139
39 a. a. O., S. 140
40 Adler, a. a. O., S. 5
41 Zu diesen Fragen siehe Hugh Ross, Kenneth R. Samples und Mark Clark, *Lights in the Sky and Little Green Men - A Rational Christian Look at UFOs and Extraterrestrials*, Colorado Springs CO, Navpress, 2002
42 Der Gegensatz Geist und Fleisch wird auf vielfältige Weise und mit unterschiedlichen Schwerpunkten gebraucht. Diese alle hier aufzulisten würde den Rahmen dieses Buches sprengen.
43 Augustinus: Enarrationes in Psalmos 103.1.15 zitiert z. B. im Katechismus der katholischen Kirche, Absatz 329
44 Diese Übersetzung bietet im Deutschen auch die Elberfelder Übersetzung in einer Fußnote (Anm. d. Übers.)
45 Insgesamt findet sich der Ausdruck „unreiner Geist", auch in der Mehrzahl, in: Sacharja 13,2; Matthäus 10,1; 12,43; Markus 1,23.26.27; 3,11.30; 5,2.8.12.13.15; 6,7; 7,25; 9,25; Lukas 4,33.36; 6,18; 8,29; 9,42; 11,24; Apostelgeschichte 5,16; 8,7; Offenbarung 16,13; 18,2
46 Nachdem wir diese Überschrift gewählt hatten, stießen wir auf Kevin Sullivans Buch *Wrestling with Angels* in dem er eine gleich lautende Überschrift verwendet, wenn er darüber schreibt, dass Menschen in der jüdischen und frühen christlichen Literatur Engel bewirtet haben. (Siehe *Wrestling with Angels - A Study of the Relationship between Angels and Humans in Ancient Jewish Literature and the New Testament*, AGJU 55, Leiden, Brill, 2004, S. 179-195).
47 Im hebräischen Text werden die beiden Personen in 1. Mose 19,15 „die Engel" und in 19,16 „die Männer" genannt, während die griechische Septuaginta Übersetzung in beiden Fällen von „die Engel" spricht.
48 Völlig ausschließen kann man anhand des Textes jedoch die Interpretation von M. J. Fields, der behauptet, dass alle drei Besucher „heilige Männer der Wüste" waren und dass einer von ihnen Sarah schwängerte! M. J.

Fields: *Angels and Ministers of Grace*, New York, 1971, zitiert in Rosemary Ellen Guiley: *Encyclopedia of Angels*, New York, Facts on File, 1996, S. 2

49 Auch wenn das hebräische *mal'ak* und das griechische *angelos* sich auch auf menschliche Boten beziehen können, so werden diese Worte in der Bibel doch überwiegend für die himmlischen Engel gebraucht.

50 Philo, *De Abrahamo*, 118; Josephus, *Jüdische Altertümer* 1,196-197; beide zitiert in Sullivan, *Wrestling with Angels*, S. 183-184

51 Sodom und Gomorrha sind bekannt für ihre sexuellen Sünden, einschließlich gleichgeschlechtlichem sexuellem Verkehr (vgl. Hesekiel 16,43-58; Judas 7). Siehe Kenneth D. Boa und Robert M. Bowman Jr., *An Unchanging Faith in a Changing World - Understanding and Responding to Critical Issues that Christians Face Today*, Nashville, Nelson, 1997, S. 310-313

52 Zum Beispiel John Ankerberg und John Weldon, *Fakten über Engel*, Dübendorf (Schweiz), Mitternachtsruf, 2008

53 Im Hebräischen steht hier wörtlich „das Brot der Starken". Den Begriff, der hier verwendet wird, interpretiert die Septuaginta (vermutlich korrekt) als „Engel" (Ps. 78,24-25 LXX)

54 Siehe Boa und Bowman, *Unchanging Faith in a Changing World*, S. 267-271

55 John Randolph Price, *Engel-Kräfte*, München, Goldmann, 1993, Seite 4

56 Marilynn Carlson Webber und William D. Webber, *A Rustle of Angels - Stories about Angels in Real-Life and Scripture*, Grand Rapids, Zondervan, 1994, S. 48

57 Wie Kevin Sullivan anmerkt, „die ganz überwiegende Zahl von Fällen", in denen es in biblischen Texten um Engel geht, „vermeiden jedwede körperliche Beschreibung" (*Wrestling with Angels*, S. 29).

58 Junge Männer, soviel möchten wir hier ergänzen, können eher „androgyn" erscheinen (d. h. ihr Geschlecht ist auf den ersten Blick nicht sicher zu bestimmen) als ältere Männer oder Frauen, ganz gleich welchen Alters.

59 Sullivan vergleicht die Version, die Lukas von Jesu Aussage in Lukas 20,36 bietet, mit einer Aussage von Philo von Alexandria, einem jüdischen Gelehrten vom Beginn des 1. Jahrhunderts. Philo schrieb, dass, „als Abraham das sterbliche Leben hinter sich ließ", er „Unsterblichkeit erlangte und den Engeln gleichgestaltet wurde" (Über die Opfer Abels und Kains, 5). Sullivan denkt, dass Lukas 20,36 „von der gleichen Art von Gleichheit mit den Engeln spricht und nicht nur von einer Ähnlichkeit mit den Engeln wie in Markus und Matthäus (Wrestling with Angels, S. 134). Dabei übersieht Sullivan jedoch den wichtigsten Unterschied zwischen den beiden Werken: Philo hat argumentiert, dass Abraham zu einer unsterblichen und unkörperlichen (*as matoi*, körperlos) Seele wurde als er starb, während Jesus in Lukas davon sprach, dass Gottes Volk Unsterblichkeit in der *Auferstehung* erlangt (sie sind Kinder der Auferstehung). Der Ausdruck „den Engeln gleich" (*isangeloi*) in Lukas 20,36 ist anders als der Ausdruck „den Engeln gleichgestaltet" (*isos angelois*), den Philo gebraucht und sollte so verstanden werden, dass die auferstandenen Kinder Gottes in den Aspekten, die Jesus nennt, den Engeln gleich sein werden.

60 Goldman, *Angel Encounters*, S. 27, 33-35

61 Gelegentlich wird dieser Ausspruch Voltaire, dem Philosophen der Aufklärung, zugeschrieben, doch haben wir keine Bestätigung gefunden, dass dieses Zitat tatsächlich auf Voltaire zurückgeht.

62 Janice T. Connell, *Angel Power*, New York, Ballantine, 1995, S. 68

63 Goldman, *a. a. O.*, S. 30-31

64 Deutsch: „Loslassen" oder „Freisetzung" (Anm. d. Übers.)

65 Goldman, a. a. O., S. 32-33

66 a. a. O., S. 72

67 Carol A. Newsom, „Angel (Old Testament)" in *Anchor Bible Dictionary*, Hrsg. David Noel Freeman, New York, Doubleday, 1992, 1:250

68 Ben Witherington III: Bibel Q & A - Does the Bible Define the Trinity? auf www.beliefnet.com/story/111/story_11187_1.html (Stand 10.01.2007).
69 Möglicherweise identifiziert auch Paulus in 1. Korinther 10,4.9 Jesus ausdrücklich mit dem Engel des Herrn (vgl. 2. Mose 23,20-25).
70 Duane A. Garrett, *Angels and the New Spirituality*, Nashville, Broadman & Holman, 1995, S. 23
71 Für ein vertieftes Studium der biblischen Lehre zu diesem Thema siehe Robert M. Bowman und J. Ed Komoszewski, *Putting Jesus in His Place - The Case for the Deity of Jesus*, Minneapolis, Kregel, 2007
72 So ist der „Oberste des Gefängnisses" trotzdem ein Gefängniswärter (1. Mose 39,21-22), ein „Hoherpriester" ist dennoch ein Priester (Matthäus 2,4; 21,15; 23,45), ein „Oberster der Hofbeamten" ein Hofbeamter (Daniel 1,8; 18), der „Oberste der Leibwache" ein Leibwächter (2. Könige 25,8-20), der „Oberste der Bäcker" ist ein Bäcker (1. Mose 41,10) und so weiter.
73 Ein möglicher Einwand dagegen könnte sein, dass das zusammengesetzte Substantiv mit *Erz- (vom griechischen arch-)* in der Bedeutung von Haupt- oder leitend, sich immer nur auf eine Person zur selben Zeit beziehen kann. Dennoch können einige zusammengesetzte Substantive in Verbindung mit *Erz-* (vom griechischen arch-) auch im Plural verwendet werden, um eine Gruppe von Individuen zu bezeichnen, wie bei „Hohenpriester" (*archiereis*, Matthäus 2,4; 21,15; 23,45). Das kann sogar für Substantive gelten, die in der Bibel nur im Singular verwendet werden, wie z. B. „Oberer der Zöllner" (*architelōnēs*, Lukas 19,2).
74 Siehe z. B. Janice T. Connell, *Angel Power*, New York, Ballantine, 1995, besonders S. 9-16 und 177-238
75 Diese Angaben können je nach verwendeter deutscher Bibelübersetzung etwas variieren. (Anm. d. Übers.)
76 Keck, *Angels and Angelology*, S. 55
77 a. a. O., S. 60
78 Augustinus: Enchiridion, zitiert nach: Des heiligen Kir-

chenvaters Aurelius Augustinus ausgewählte Schriften Bd. 8; Bibliothek der Kirchenväter, 1. Reihe, Band 49, Kempten/München, 1925, Kapitel 15, Abschnitt 58 und 59.

79 Guiley, *Encyclopedia of Angels*, S. 77

80 Zum Thema Apokryphen siehe David A. deSilva, *Introducing the Apocrypha - Message, Context, and Significance*, Grand Rapids, Baker, 2002. DeSilva gibt einen hilfreichen Überblick über jedes Buch der Apokryphen, darunter auch Tobit.

81 Ben Witherington, III, *The Acts of the Apostles - A Socio-Rhetorical Commentary*, Grand Rapids, Eerdmans/Carlisle, Paternoster, 1998, S. 387

82 Garrett, *Angels and the New Spirituality*, S. 23

83 Eileen Elias Freeman, *Angelic Healing - Working with Your Angels to Heal Your Life*, New York, Warner, 1994, xi-xii

84 Terry Lynn Taylor, *Guardians of Hope - The Angel's Guide to Personal Growth*, Tiburon CA, Kramer, 1993, S. 13

85 Freeman: a. a. O., S. 50-51

86 a. a. O., S. 88-89

87 a. a. O., S. 91

88 Dazu, dass Jesus hier Psalm 22,1 zitiert siehe Robert M. Bowman Jr., *The Word-Faith Controversy - Understanding the Wealth and Health Gospel*, Grand Rapids, Baker, 2001, S. 171-73

89 Eine Hyperbel (Adjektiv: hyperbolisch) ist eine Sprachfigur, in der man etwas in übertriebener Weise ausdrückt, jedoch nicht um damit in die Irre zu führen, sondern um etwas in dramatischer Weise zu betonen. In der Bibel wird von Hyperbeln ausgiebig Gebrauch gemacht. Siehe Robert H. Stein, *A Basic Guide to Interpreting the Bible - Playing by the Rules*, Grand Rapids, Baker, 1994, S. 123-36

90 Im Aramäischen in Daniel 3,25 (Daniel 2,4b-7,28 sind in Aramäisch und nicht in Hebräisch geschrieben) heißt es „Sohn der Elahin", was sowohl „Sohn Gottes" als auch „Sohn der Götter" bedeuten kann. (Das gleiche

aramäische Wort wird in den Versen 17,26,28 und 29 mit „Gott“ übersetzt.)

91 Doreen Virtue, *Angel Visions - True Stories of People Who Have Seen Angels, and How You Can See Angels, too!*, Carlsbad CA, Hay House, 2000, S. 161 - Hervorhebung im Original

92 Karen Goldman, *The Angel Book - A Handbook for Aspiring Angels*, New York, Simon & Schuster, 1993, S. 20

93 Gloria Copeland, *God's Will Is Prosperity*, Fort Worth, Kenneth Copeland Ministries, 1978, S. 84-85, zitiert in Ankerberg und Weldon, *The Facts on Angels*, S. 38. Für das gesamte Glaubenssystem, dass der Lehre von Copeland zu Grunde liegt, siehe Bowman: Word-Faith Controversy, a. a. O.

94 C. S. Lewis, *Dienstanweisungen für einen Unterteufel*, Freiburg, Herder, 1975

95 Linda Stover Van Fleet, „Faith“, 8. Dezember 2004, *I believe in Angels! (www.ibelieveinangels.com)* Hervorhebung im Original.

96 Man weiß nicht genau, wer den Hebräerbrief geschrieben hat. Obwohl viele glauben, dass es Paulus war, ist doch fast sicher, dass er den Brief nicht geschrieben hat, da der Schreiber sich selbst von den Aposteln abgrenzt (Hebräer 2,3-4).

97 Wir verwenden das „er“ hier in einem allgemeinen Sinn, der sowohl Männer als auch Frauen einschließt. Tatsächlich kommt ein großer Teil der Berichte über Engelsichtungen von Frauen. In jedem Fall werten wir die Berichte von Männern und Frauen in gleicher Weise.

98 Außer dem Sehen von Engeln gibt es auch noch andere Formen von Begegnungen mit Engeln (z. B. berichten manche Menschen davon, einen Engel gehört zu haben), doch werden Sichtungen am häufigsten berichtet.

99 Dieselbe Art von Gedankengang findet sich, in einem anderen Zusammenhang, auch bei Boa und Bowman, Das Argument der Selbstaussagen Jesu (Kapitel 14) in *Macht es Sinn, an Gott zu glauben - Argumente für die Existenz Gottes*, Hamburg, Fliss, 2007, S. 155-164.

100 Siehe Boa und Bowman, *Macht es Sinn, an Gott zu glauben - Argumente für die Existenz Gottes*, S. 29-85

101 Lewis, *Dienstanweisungen für einen Unterteufel*, Freiburg, Herder, 1975, S. 7

102 Boa und Bowman, *Macht es Sinn, an Gott zu glauben - Argumente für die Existenz Gottes*, S. 87-96

103 Das vielleicht bekannteste Buch, in dem diese Ansicht vertreten wird, ist Elaine Pagels, *Satans Ursprung*, (Frankfurt, Suhrkamp, 1996). Pagel ist eine äußerst liberale Religionswissenschaftlerin, sie hat mehrere Bücher über die gnostischen Schriften verfasst (z. B. Versuchung durch Erkenntnis: Die gnostischen Evangelien und Das Geheimnis des fünften Evangeliums: warum die Bibel nur die halbe Wahrheit sagt.) Die Gnosis war eine antike Irrlehre, deren Anhänger erklärten an Jesus zu glauben, die aber die Schriften des Neuen Testaments ablehnten. Nach Pagels boten die Gnostiker eine ganzheitlichere, annehmendere Form des Christentums.

104 Michael Green, *I Believe in Satan's Downfall*, Grand Rapids, Eerdmans, 1981, S. 18

105 Dennis F. Kinlaw, „The Demythologization of the Demonic in the Old Testament" in *Demon Possession*, Hrsg. John Warwick Montgomery, Minneapolis, Bethany, 1973, S. 33-34

106 Pagels, *Satans Ursprung*, S. 42 der engl. Ausgabe

107 Sidney H. T. Page, *Powers of Evil*, Grand Rapids, Baker, 1995, S. 27

108 ebda.

109 Daniel, Wyllie und Ramer, *Frag deine Engel*, a. a. O., S. 28 der engl. Ausgabe.

110 Andrew Ramer, *Revelations for a New Millenium - Saintly and Celestial Prophecies of Joy and Renewal*, San Francisco, HarperSanFrancisco, 1997, S. 149 und 151.

111 Siehe Boa und Bowman, *Macht es Sinn, an Gott zu glauben - Argumente für die Existenz Gottes*, a. a. O., S. 107-143

112 Die exakte Bedeutung von Beelzebul ist nicht bekannt. Unter Fachleuten sind Übersetzungen „Herr des Mi-

stes" und „Herr der Wohnung" am weitesten akzeptiert (Page, *Powers of Evil*, S. 100-101). Die Übersetzung „Herr der Fliegen", die ähnlich weit verbreitet ist wie „Herr des Mistes", liegt dem Titel von William Goldings Klassiker aus dem Jahr 1954 zugrunde.

113 Alex Konya, *Demons - A Biblically Based Perspective*, Schaumburg IL, Regular Baptist Press, 1990, S. 104

114 Zumindest verstehen die meisten Christen 2. Korinther 4,4 auf diese Weise. Einige wenige sind jedoch der Ansicht, dass hier davon die Rede ist, dass der wahre Gott diese Verblendung als Gericht über die Bösen bringt. Die Schwierigkeit bei dieser Interpretation besteht darin, dass im Denken des Paulus „diese Weltzeit" als Ganzes eine böse Periode ist, die durch Sünde und Tod geprägt ist, wovon Christus uns befreit (Römer 12,2; 1. Korinther 1,20; 2,6.8; Galater 1,4; Epheser 2,2). Daher muss „der Gott dieser Weltzeit" Satan sein und nicht Gott (siehe auch Kap. 21).

115 Gregory A. Boyd, *God at War - The Bible and Spiritual Conflict*, Downers Grove IL, InterVarsity Press, 1997, S. 156

116 Page, *Powers of Evil*, S. 35

117 Siehe Garrett, *Angels and the New Spirituality*, S. 36-39 und Page, *Powers of Evil*, S. 38-39

118 Siehe Boyd, *God at War*, S. 157-160

119 Siehe Louis S. Chafer, *Satan*, Grand Rapids, Zondervan, 1964, Nachdruck der Ausgabe von 1919, Seite 18-19, zitiert in Page, *Powers of Evil* , S. 39.

120 Page, *Powers of Evil*, S. 41-42

121 Im hebräischen Text beruht die unterschiedliche Lesart dieses Textes ausschließlich auf der Wahl der verwendeten Vokale, und da im geschriebenen alten Hebräischen im Allgemeinen nur Konsonanten verwendet wurden, ist die Bestimmung hier nicht ganz einfach.

122 Zum Beispiel Boyd, *God at War*, S. 102-103. Die klassische Verteidigung dieser These findet sich in Arthur C. Custance, *Without Form and Void*, Brockville, Ont., Custance, 1970.

123 Wie Boyd zugibt (*God at War*, S. 113)

124 Frank E. Peretti: *Die Finsternis dieser Welt*, Wiesbaden, Projektion J, 1990. Weitere Werke von Peretti sind *Licht in der Finsternis, Der Prophet, Der mysteriöse Schwur, Der Gesandte des Lichts, Monster, Das Haus,* sowie zahlreiche Bücher für Kinder und Jugendliche.

125 Eine Buchreihe von Tim LaHaye und Jerry Jenkins, die mit dem Band *Finale* (engl. *Left Behind*) beginnt, Asslar, Gerth Medien, 1998. Die Romane haben sich weltweit über 50 Millionen Mal verkauft. Auf ihnen aufbauend sind inzwischen mehrere Filme produziert und weitere Roman- und Comicreihen entwickelt worden.

126 Walter Wink, *Naming the Powers*; *Unmasking the Powers* und *Engaging the Powers*, Philadelphia, Fortress, 1984, 1986, 1992

127 Clinton E. Arnold, *Powers of Darkness – Principalities and Powers in Paul's Letters*, Downers Grove IL, Intervarsity Press, 1992, S. 90-91 und 194-201

128 George Bernard Shaw, *Mensch und Übermensch*, III. Akt (Don Juan in der Hölle)

129 David George Reese: „Demons (New Testament)" in *Anchor Bible Dictionary*, Hrsg. David Noel Freeman, New York, Doubleday, 1992, 2:140

130 Siehe z. B. T. Craig Isaacs, *The Possessive State Disorder – The Differentiation of Involuntary Spirit-Possession from Present Diagnostic Categories,* Dissertation zum Ph.D. (California School of Professional Psychology, Berkeley, 1985) und die entsprechenden Aufsätze in *Demon Possession – A Medical, Historical, Anthropological and Theological Symposium*, Hrsg. John Warwick Montgomery, Minneapolis, Bethany, 1976, S. 223-78

131 Frank und Ida Mae Hammond, *Pigs in the Parlor – A Practical Guide to Deliverance*, Kirkwood MO, Impact, 1973, S. 12. Ida Mae hat das Kapitel über Schizophrenie geschrieben.

132 a. a. O., S. 22

133 a. a. O., 113-115

134 a. a. O., 117-188, 142

135 So wurde die Landungsstelle der Invasionstruppen in der Normandie genannt. (Anm. d. Übers.)
136 Oscar Cullmann, *Christ and Time*, London, SCM, 1951, S. 84

Verzeichnis der Bibelstellen

Kenneth D. Boa/Robert M. Bowman Jr.

Mythos und Wahrheit - Himmel und Hölle

Die Bibel äußert sich sehr differenziert zu diesen Themen. In den menschlichen Vorstellungen sind dagegen viele Bilder unterwegs, die mit den biblischen Wahrheiten wenig zu tun haben. Oft ist es eine Vermischung aus Tradition, Spekulation und falscher Lehre.

Dieses kompakte Buch erläutert präzise und fundiert die biblischen Aussagen zum Thema. Was sagt die Bibel über den Himmel, was nicht? Was ist mit der Hölle? Was sind tatsächlich biblische Aussagen?

Lassen Sie sich überraschen. Das Buch könnte aufräumen mit falschen Vorstellungen, mit Mythen und unnötigen Ängsten.

ca. 200 Seiten, Paperback

Bestell-Nr.: 52 50424

ISBN 978-3-86773-114-0

Unsere Bücher erhalten Sie in jeder christlichen Buchhandlung oder direkt beim Verlag.

Mark Dever

Was ist eine gesunde Gemeinde?

Gemeinde auf dem biblischen Weg

Was ist eine ideale Gemeinde und woran erkennt man sie?

Mark Dever möchte mit diesem Buch helfen, die Schlüsselmerkmale gesunder Gemeinden zu erkennen. Er hat dafür drei grundlegende Merkmale und sechs wichtige Merkmale herausgearbeitet.

Mark Dever lädt uns engagiert dazu ein, diese Merkmale in unseren Gemeinden zu fördern. Dabei folgt er dem Beispiel der Autoren des Neuen Testaments und wendet sich an Pastoren und Gemeindemitglieder gleichermaßen. Jeder Christ ist herausgefordert, seinen persönlichen Beitrag zur gesunden Entwicklung der Gemeinde zu bringen.

Bestell-Nr.: 52 50418

ISBN 978-3-86773-067-9

Thabiti M. Anyabwile

Was ist ein gesundes Gemeindemitglied?

Was darf meine Gemeinde von mir erwarten?

Das zweite Buch aus der 9Marks-Serie stellt das einzelne Gemeindemitglied in den Mittelpunkt.

Was versteht die Bibel unter einem mündigen und aktiven Gemeindeglied?

Die Gemeinde ist eine Heimat für jeden Christen und jedes Gemeindemitglied ist ein vitaler Teil davon. Wer gibt, der empfängt, und umgekehrt. Geistliches Wachstum ist nicht nur eine Verantwortung der Gemeindeleitung, Gott hat den Einzelnen im Blick. Jeder Christ ist herausfordert, seinen persönlichen Beitrag zur gesunden Entwicklung der Gemeinde zu bringen.

Bestell-Nr.: 52 50419

ISBN 978-3-86773-068-6

Unsere Bücher und CDs erhalten Sie in jeder christlichen Buchhandlung oder direkt beim Verlag.
cap-music • Oberer Garten 8 • D-72221 Haiterbach-Beihingen
Tel.: 07456-9393-0 • Fax: 07456-9393-29 • Email: info@cap-music.de • Onlineshop: www.cap-music.de